Liebe Leserinnen, liebe Leser!

»Das Leben ist viel zu kurz, um schlechten Wein zu trinken.«

(Johann Wolfgang von Goethe)

Mosel und Wein – das ist fast ein Synonym. Natürlich prägt Wein das Landschaftsbild der Region. Aber auch in den hübschen Orten und Städten an der Mosel hat man sich dem Wein verschrieben.

Fruchtig, blumig, spritzig ...

... so und häufig mit noch viel mehr Adjektiven wird der Moselwein charakterisiert. Einige der besten deutschen Rieslinge kommen jedes Jahr von der Mosel – übrigens die älteste deutsche Weinregion. Probieren können Sie die guten Tropfen hervorragend im Weinkulturellen Zentrum von Bernkastel-Kues, das wir Ihnen auf S. 74 als Topziel vorstellen, in einer der vielen Straußwirtschaften oder aber auf einem der Weinfeste. Zwischen April und Oktober gibt es kaum ein Wochenende, an dem nicht irgendwo gefeiert wird. Die Saison beginnt mit dem Blütenfest des Roten Weinbergpfirsichs in Cochem, erlebt mit dem Weinfest der Mittelmosel in Bernkastel-Kues einen ihrer Höhepunkte und endet mit dem Herbstweinfest in Kröv. Und spätestens bei diesen Festen wird klar: Kaum eine andere Region in Deutschland steht so für Genuss wie die Mosel.

Wandern auf neuen Traumpfaden

Zweites touristisches Standbein ist der Aktiv- und Wellnessurlaub. Die den Fluss begleitenden Rad- und Wanderwege ziehen im Sommerhalbjahr Tausende an. Tendenz steigend. Wen wundert's angesichts der tollen Wege. Der erst 2014 eröffnete Moselsteig wurde 2016 zu „Deutschlands schönstem Wanderweg" gekürt. Der Fernwanderweg führt in 24 herrlichen Etappen von Perl an der Obermosel bis nach Winningen bei Koblenz – Wanderfreuden auf insgesamt 365 km Länge sind hier garantiert. Wer sich die nicht gleich komplett zumuten möchte, probiert es erst einmal mit einer Tagesetappe – und erholt sich hinterher in einem der luxuriösen Wellnesstempel der Region, mehr darüber erfahren Sie im DuMont Thema auf S. 106 ff. Bei all Ihren Unternehmungen an der Mosel viel Vergnügen!

Herzlich

Ihre

Birgit Borowski

Birgit Borowski
Programmleiterin DuMont Bildatlas

*Der Hamburger Fotograf **Arthur F. Selbach** hat für den DuMont Bildatlas bereits mehrere Bände fotografiert.*

***Rita Henß** aus Frankfurt/M. ist als Journalistin und Buchautorin weltweit unterwegs. Mit der Mosel verbindet sie auch die Liebe zu deren Weinen.*

106 Die modernen Wellnesstempel bieten Entspannung und Komfort.

88 Auf den steilsten Hängen Europas wachsen Spitzenweine. Eine ganze Reihe Winzer hat sich dem Anbau ohne Chemie verschrieben.

36 Die Reichsburg Cochem und die malerischen „Moselloreley"-Felsen zieren die Untermosel.

56 Zahlreiche hübsche Städtchen wie Trittenheim (Foto), Beilstein, Traben-Trarbach oder auch Neumagen-Dhron finden sich am Ufer der Mosel.

Trier und Umgebung

Saar / Obermosel

Anhang

DuMont Aktiv

Genießen Erleben Erfahren

Koblenz und Umgebung 22 – 35
Untermosel 36 – 55
Mittelmosel 56 – 75
Trier 76 – 95
Saar/Obermosel 96 – 113
1
2
3
4
5
6
7
8
9
10
11
KÖLN
BONN
KOBLENZ
Neuwied
TRIER
Luxembourg
METZ
SAARBRÜCKEN
Kaiserslautern
Pirmasens
Siegen
AACHEN
BELGIË
BELGIQUE
LETZEBUERG
LUXEMBOURG
FRANCE
Maßstab 1:800.000
10km

Topziele

Die bedeutendsten Sehenswürdigkeiten der Region und Erlebnisse, die Sie auf keinen Fall versäumen sollten, haben wir auf dieser Seite für Sie zusammengestellt. Auf den Infoseiten ist das jeweilige Highlight als **TOPZIEL** *gekennzeichnet.*

ERLEBEN

1 Burg Eltz: Das Bilderbuch-Exemplar einer Ritterfeste macht 800 Jahre Kulturgeschichte hautnah erfahrbar. **Seite 54**

2 Weinkulturelles Zentrum Bernkastel-Kues: Mehr als 160 Mosel-Weine können in den Gewölbekellern des St. Nikolaus-Hospitals verkostet werden. **Seite 74**

3 Römisches Weinfest: Die Römer brachten den Weinanbau. Das wird noch heute beim römischen Kelterfest in Piesport gefeiert. **Seite 75**

4 Stadt mit Flair: In Saarburg rauscht ein Wasserfall, dazu besitzt das Städtchen ein äußerst malerisches Ortsbild. **Seite 112**

KULTUR

7 Deutsches Eck Koblenz: Am Zusammenfluss von Rhein und Mosel wacht ein Reiterstandbild von Kaiser Wilhelm I. über das Geschehen. **Seite 34**

8 Festung Ehrenbreitstein: Seit einigen Jahren präsentiert sich die historische Anlage in einem glanzvollen neuen Gewand. **Seite 34**

9 Jugendstil in Traben-Trarbach: Ob Hotel, Villa, Brücke oder Kellerei – vielfältig sind hier die Zeugen der Jahrhundertwende-Architektur. **Seite 74**

10 Dom zu Trier: Nicht nur während der Heilig-Rock-Wallfahrt ist die älteste deutsche Bischofskirche einen Besuch wert. **Seite 94**

11 Porta Nigra: Echt antik: das Schwarze Tor gehörte zur römischen Stadtmauer von Trier. **Seite 93**

NATUR

5 Calmont Klettersteig: Europas steilster Weinberg bringt Wanderer und Winzer ins Schwitzen. **Seite 73**

6 Moselschleife: Bei Bremm macht die Mosel eine besonders imposante Wendung. **Seite 73**

RATHAUS
RESTAURANT
Cafe Hansen

Prachtvolle Fassaden

Viele Städte und Dörfer an Mosel und Saar sind die reinste Augenweide. Am Marktplatz von Bernkastel geben sich die schönsten Zeugnisse historischer Baukunst ein Stelldichein. Bereits im Mittelalter stand hier das erste Rathaus; seine Blüte entfaltete das zentrale Areal indes während der Renaissance-Zeit. Rund um den St. Michaels-brunnen wuchs damals ein Ensemble hoher Giebelhäuser mit prachtvoller Fassadenzier.

Handarbeit für höchste Qualität

Die Mosel zählt zu den berühmtesten Weinbaugebieten Deutschlands. Vor dem Genuss steht harte Arbeit, erfolgt doch die Lese in den Steillagen meist von Hand: Hangneigungen von bis zu sechzig Prozent wie hier bei Bremm machen den Einsatz von Motorpflückern ebenso unmöglich wie den Einsatz von Traktoren für die Pflege des Wingerts.

Moderne Architektur

Hier fließt einiges zusammen: Seit 2013 vereinigt das Forum Confluentes in Koblenz Kunst, Kultur und Bildung unter einem Dach. Außen wie innen beeindruckt die spektakuläre Architektur des Gebäudes, die einen reizvollen Kontrast – wie hier zu Kunstwerken im neu gestalteten Mittelrhein-Museum (Bild) – schaffen kann. Von der Terrasse über dem gläsernen Dach genießt man nicht nur einen einzigartigen Blick auf die Stadt und das Umland, Besucher der Stadtbibliothek finden dort oben gleich einen herrlichen Platz zum Lesen.

Glanzvolles Wahrzeichen

Prächtig und mächtig thront die Reichsburg über den Dächern von Cochem – schon von Weitem ein eindrucksvolles Stück Architektur. Mehr als tausend Jahre umfasst ihre bewegte Geschichte; einem Berliner Kaufmann verdankt sie ihr endgültiges Auferstehen aus Ruinen und ihr neugotisches Gesicht. Und sie ist keineswegs die einzige Feste: Entlang der Mosel stehen die Burgen dicht an dicht.

WAPPEN von COCHEM
KD Köln

Lebendige Tradition

Jedes Jahr zum Sommerausklang Anfang September feiert man in Bernkastel-Kues das Weinfest der Mittelmosel. Dazu gehören die Krönung der Mosella, der neuen Weinkönigin, der prächtige Umzug mit Tanz- und Musikgruppen und nicht zuletzt das spektakuläre Feuerwerk. Zur guten Stimmung tragen natürlich auch die Erzeugnisse der Weinberge bei.

1973

Wein von den Sonnenterrassen

Wie ein Szenario aus uralter Zeit liegen die sanften Höhen und weiten Ebenen bei Piesport dem Betrachter vor Augen. Schon die Kelten und Römer siedelten hier; vom Handelsgott Mercurius Bigentius hat der Ort seinen Namen: porto pigontio. Eiszeiten sorgten für die Terrassierung des gegenüberliegenden Uferhanges, am steilen Felsen der „Mosellloreley" wurde bis Anfang des 20. Jahrhunderts Bleiglanz abgebaut. Die Ursprünge der Reblandschaft in einer der schönsten Moselschleifen reichen zurück bis in die Antike.

Unterkünfte mit dem gewissen Etwas

Weingut, Villa oder Fachwerkhaus?

Auf einem luxuriös umgebauten historischen Weingut schlummern oder in ehemaligen Bunker-Tarn-Häusern nächtigen? Sich in einer eleganten Lohgerber-Villa zur Ruhe betten oder dort schlafen, wo schon die Wiege des Autopioniers Horch stand? Für jeden Anspruch und jedes Budget finden sich an Mosel und Saar Domizile auf Zeit.

1 Horchpension Wagner

Hinter der Fassade des restaurierten Fachwerkhauses im Herzen des Weinörtchens Winningen schlummerte bereits Johannes Bückler, der als Räuberhauptmann Schinderhannes, der in der napoleonischen Besatzungszeit im Hunsrück und an der Mosel sein Unwesen trieb. Und der Audi-Gründer August Horch erblickte in dem verwinkelten Gemäuer anno 1868 als Nachfahre einer alten Winzer- und Schmiedefamilie das Licht der Welt. Bis 1884 war es sein Zuhause. Als privat geführte Pension bietet die Geburtsstätte des Autopioniers inzwischen seit vielen Jahrzehnten Platz für ein gutes Dutzend Gäste – wahlweise u.a. im Schinderhannes- oder im Horch-Zimmer oder im Bauern-Apartment. Zum Teil sind die Räume noch mit Original-Mobiliar ausgestattet.

Fährstrasse 19, Winningen, Tel. 0 26 06/22 84
www.horchpension.de

2 Weinromatikhotel Richtershof

Ein ehemaliges Weingut aus dem 17. Jh. begrüßt seine Gäste inzwischen mit 43 romantisch-eleganten Zimmern und Suiten, einem kleinen römischen Spa, Yoga und Detox-Angeboten, einer Zigarrenlounge sowie der Möglichkeit, die Umgebung mit dem E-Bike zu erkunden – Picknickkorb inklusive. Die Anlage umfasst mehrere Gebäude: vom 300 Jahre alten Weinkeller mit Vinothek über den Jugendstil-Ballsaal und die Kelterhalle mit Offerten für Frühstück, Nachmittagskaffee oder Dinner bis hin zum Feinschmecker-Restaurant in einem ehemaligen Kolonialwarengeschäft aus dem Jahre 1809. Ein Eifler Jung' steht hier am Herd – er kombiniert heimisches wie Wild und Gartenkräuter mit edlen Produkten aus aller Welt.

Hauptstr. 81 – 83,
54486 Mülheim/Mosel ,
Tel. 0 65 34/94 80,
www.weinromantikhotel.com

3 Villa Beilstein

Klassische Eleganz mit einer Prise Romantik – dieses Ambiente erwartet den Gast in den nur sechs Zimmern des renovierten historischen Hauses am Moselufer. Großzügig und modern sind die Bäder gestaltet, teils mit Naturstein als Ergänzung zu den glatten Fliesen. Die gekonnte Gastfreundschaft der Familie Lipmann zeigt sich zudem beim Frühstücksangebot; bei schönem Wetter kann man es auf der Terrasse oberhalb der Uferstraße genießen.

Fürst-Metternich-Str. 6/7,
56814 Beilstein,
Tel. 0 26 73/9 62 94 70,
www.villa-beilstein.de

4 Villa Keller

Max Keller ließ sich 1801 direkt am Saar-Ufer einen Wohnsitz im klassizistischen Stil erbauen – und weitete das Anwesen später zu einer Loh-Gerberei aus. Erst 1955 wurde der Familienbetrieb geschlossen. Die denkmalgeschützte Villa wurde liebevoll restauriert und birgt nunmehr als 3-Sterne-Hotel (mit Restaurant und Wirtshaus) elf behagliche Gästezimmer – eines davon sogar mit Balkon. Von hier bietet sich ein wunderbarer Blick über die Saar und die Altstadt Saarburgs.

Brückenstr. 1, 54439 Saarburg, Tel. 0 65 81/9 29 10, www.villa-keller.de

5 Hotel Vintage

Als Schulungsheim für ihre Mitarbeiter hatte die Bundesbank ihren von 1964 bis 1988 zur Lagerung einer großen Geldreserve genutzten Bunker in einem ruhigen Wohngebiet Cochems getarnt. Inzwischen ist die geheime unterirdische Stätte am östlichen Moselufer im Rahmen von Führungen öffentlich zugänglich – und die oberirdischen Tarnhäuser wurden zu einer modernen Pension umgebaut. Die 17 Zimmer sowie das im Juli 2018 eröffnete Gästehaus mit fünf weiteren Zimmern sind liebevoll und stylish möbliert mit Boxspringbett, Eichenparkett und diversen Design-Akzenten, bieten alle Blick ins Grüne und allergikerfreundliche Materialien.

Brauselaystraße 5 – 7, 56812 Cochem-Cond, Tel. 0 26 71/5 06 70 80, www.hotel-vintage.de

6 Senhalser Höfe

Vom Moselufer nur durch einen schmalen Pfad getrennt liegt dieses Ensemble elegant-zeitgenössischer Feriendomizile. Vom großen Winzerhaus für 8 Personen bis zum Gartenhaus für zwei reicht das Spektrum der acht Unterkünfte. Sie liegen auf einem gut 2000 qm großen Grundstück mit Innenhöfen und mediterranem Garten. Der einstige Bullenstall dient als Lounge. Im Liegestuhl auf der Wiese zum Fluss lässt es sich bestens entspannen.

Moselweinstraße 18 – 24, 56820 Senheim-Senhals, Tel. 0 26 73/96 21 11, www.senhalser-hoefe.de

7 Kleiner Riesen

Ruhig und hinter uraltem Baumbestand direkt an den Kaiserin-Augusta-Anlagen am Rheinufer gelegen, bietet das kleine 3-Sterne Hotel (25 helle, moderne Zimmer) seinen Gästen eine Aussichtsterrasse für's Frühstück oder Snacks sowie Leihfahrräder zur Erkundung der Stadt. Wer mag, kann einen kostenfreien Transfer vom Bahnhof in Anspruch nehmen. Die Einzelzimmer sind teils mit Queensize-Bett und sogar mit Balkon ausgestattet.

Janarius-Zick-Str. 11, 56070 Koblenz, Tel. 02 61/ 30 34 60, www.hotel-kleinerriesen.de

8 Landhaus Weingut Reverchon

Sie tragen Namen wie Alte Reben, Schiefer, Mineral oder Blanc et Noir, bieten in modern-edlem Ambiente Platz für zwei, drei oder vier Gäste – und liegen auf dem Areal eines Weinguts aus dem Jahr 1685, welches Anfang des 20. Jh. überging in den Besitz der Trierer Bankiersfamilie Reverchon, die das Gutshaus lange Zeit als Sommersitz nutzte. Die Apartments und Ferienwohnungen sind in der Remise und im denkmalgeschützten historischen Hauptgebäude untergebracht

Saartalstr. 2 – 3, 54329 Konz-Filzen, Tel. 0 65 01/ 92 35 00, www.weingut-reverchon.de

Stadt an zwei Flüssen

Koblenz liegt unmittelbar am Zusammenfluss von Rhein und Mosel. Hier gründeten die Römer ein Kastell „apud confluentes“, also „bei den Zusammenfließenden“. Die fröhliche kurfürstliche Residenzstadt mit dem idyllischen Zentrum ist das östliche Tor zur Mosel. Die Stadt ist Heimat des Dichters Clemens Brentano, der Mutter Ludwig von Beethovens sowie des Verlegers Karl Baedeker.

Majestätisch thront die Festung Ehrenbreitstein oberhalb von Koblenz am rechten Rheinufer.

Die Basilika St. Kastor ist die älteste Kirche von Koblenz und ein Hauptwerk der Romanik am Mittelrhein. Davor standen hier zuerst ein römisches Kastell und später ein gallo-römischer Tempel.

Ein schmucker Uferweg am Rhein mit Blick auf Basilika und Seilbahn

Wasser ist das hervorstechende Element in Koblenz, Brücken sind eine Notwendigkeit: Die Statue zeigt Kurfürst Balduin von Luxemburg. Er veranlasste 1342 den Bau der ersten Steinbrücke über die Mosel, genannt „Balduinbrücke“. Im Hintergrund die Florins- (links) und die Liebfrauenkirche.

Von der Festung Ehrenbreitstein aus überblickt man das Deutsche Eck, an dem Mosel und Rhein zusammenfließen.

Kunst oder Kitsch? Monatelang erhitzte ausgerechnet das Stadtsymbol von Koblenz, der „Schängel“, die Gemüter. Nun ja, es war genau genommen nicht der bronzene kleine Lausbub, der seit mehr als einem halben Jahrhundert als Brunnenfigur den Rathaushof ziert – obwohl er alle zwei Minuten in hohem Bogen kräftig ausspuckt. Diskussionen entfachten vielmehr seine Brüder, die plötzlich in rascher Folge geboren wurden: 1,95 cm groß, aus glasfaserverstärktem, zunächst unschuldig weißem Kunststoff.

Kowelenzer Plastik-Jungs

Ein Großbäcker hatte die Idee, eine Koblenzer Künstlerin verlieh den ersten dieser „Kowelenzer Jungs“ farbenfrohe Individualität. Die Gegner der Plastikbuben sprachen indigniert von Verschandelung des Stadtbilds – sodass die ersten Exemplare zunächst nur auf Privatgrund aufgestellt wurden. Der „Ortsverein Altstadt“ indes machte gegenüber dem Oberbürgermeister deutlich, dass man mit Freuden weitere dieser modernisierten Schängel-Figuren sähe – und verwies darauf, dass sie von Anbeginn an zu den meistfotografierten Objekten der Stadt gehörten. Irgendwann verstummten die Proteste und 2011 nahm der 36.(!) „Kowelenzer Jung“ seinen Platz ein.

Von Jean zum Schängel

Der Name „Schängel“ geht zurück auf die Zeit der französischen Besatzung. „Jean“ wurden damals fast alle männlichen, von den Besatzern abstammenden Kinder deutscher Mütter in Koblenz genannt; „Schang“ riefen die Koblenzer die Buben, mitunter auch „Schängelche“. Inzwischen gilt die Bezeichnung nicht mehr als Stigma, sondern als Ehrenname – sogar ein „Schängel“(Einkaufs-) Center“ gibt es heute. Und der Kowelenzer Schlingel gilt vielen Koblenzern als ebenso markantes Stadtsymbol wie den Berlinern ihr Bär – welchem ja längst auch eine große Schar von kunterbunten Kunststoffbrüdern geboren wurde...

In Koblenz vereinigen sich Rhein und Mosel.

BUGA und die Folgen

„Koblenz war immer eine Touristenstadt“, da sind Bürger und Politiker sich einig. Die Bundesgartenschau (BUGA) 2011 sorgte für einen weiteren Attraktivitätsschub: Koblenz hatte kräftig investiert und vieles neu- oder zumindest umgebaut für das florale Ereignis. Dauerhaft verändert zeigt sich das Stadtbild seit der Gartenschau etwa durch die umgestalteten Rhein- und Moselpromenaden am Deutschen Eck und den Neubau des Forum Confluentes, der neben Gastronomie und Stadtbibliothek auch das neu gestaltete Mittelrhein-Museum beherbergt sowie das Romanticum, ein interaktives Informations- und Präsentationszentrum zum UNESCO-Welterbe Mittelrheintal. Die BUGA-Seilbahn zur Festung Ehrenbreitstein hinauf bleibt mit Zustimmung der UNESCO zumindest bis 2026 Bestandteil des Koblenzer Architektur-Szenariums.

Die drei großen „B's“

Beethoven, Brentano, Baedeker – drei große, mit Koblenz verbundene Namen. Beethovens Mutter, Maria Magdalena Keverich, stammte aus Ehrenbreitstein. Ihr Vater, Nachfahre einer seit Generationen im Dienst der Trierer Bischöfe und Kurfürsten stehenden Weinbauernfamilie aus Köwerich, brachte es in Koblenz zum Oberhofkoch. Kein Wunder also,

Blütenzauber rund um die Basilika. Künstlerische Installationen verzierten während der Bundesgartenschau auch die Platanen.

Eine Seilbahn bringt die Gäste über den Rhein zur Festung Ehrenbreitstein.

Wer den klassischen Weg über den Rhein vorzieht, nimmt die Fähre nach Ehrenbreitstein. Der berühmte Dichter der Romantik, Clemens Brentano, kam 1778 auf Ehrenbreitstein zur Welt.

Im Kurfürstlichen Schloss residierte der spätere Kaiser Wilhelm I. als preußischer Militärgouverneur. Mit Umsicht und Geschmack ließ seine Gattin Kaiserin Augusta entlang des Rheinufers die nach ihr benannten Uferanlagen gestalten – noch heute ein beliebter Ruhepol der Stadt.

Special

Deutsches Eck

Ordensspitze und Honsschwanz

Seit der Einweihung des ersten Reiterstandbildes von Kaiser Wilhelm 1897 am Zusammenfluss von Mosel und Rhein ist sein Standplatz eine Touristenattraktion.

„Deutscher Ordt" hieß das gesamte Areal aufgrund einer bischöflichen Schenkung an die Ritter des Deutschen Ordens im Mittelalter zunächst. Die eigentliche Landspitze war um 1200 allerdings noch deutlich kleiner. Erst im 19. Jh. wurde sie durch eine Mole mit einer vorgelagerten Sandbank verbunden, um einen Nothafen an der Moselmündung zu schaffen. „Honsschwanz" nannten die Koblenzer diese Neuschöpfung, denn sie bildete geographisch den letzten Ausläufer des Hunsrücks. Nachdem der Hafen wieder zugeschüttet worden war, entschied Kaiser Wilhelm II., dort die Gedenkstatue für seinen Großvater errichten zu lassen.

Kurz vor Ende des Zweiten Weltkriegs wurde das Reiterstandbild

Kaiser-Wilhelm-Statue am Deutschen Eck

durch eine amerikanische Artilleriegranate zerstört. Bis 1993 noch nahm die Stelle der einstigen Kaiser-Bronze ein Flaggenstock mit der Bundesflagge ein. Seither steht dort eine durch eine private Stiftung des Koblenzer Verlegerehepaars Theisen finanzierte Nachbildung der ursprünglichen Skulpturengruppe. Seit 2002 ist das Deutsche Eck Bestandteil des UNESCO-Welterbes Oberes Mittelrheintal.

dass Hoftenorist Johann van Beethoven auf Maria aufmerksam wurde. 1767 ehelichte der Sänger die junge Witwe aus dem Haus zu Füßen der Residenz Schloss Philippsburg und sie folgte dem neuen Gatten nach Bonn. 1770 wurde dort Ludwig geboren.

Dichter der Romantik

1778 kam, ebenfalls in Ehrenbreitstein, Clemens Wenzeslaus Brentano de La Roche zur Welt. Die Eltern seiner Mutter lebten hier sowie seine Tante Louise. Bei Großvater Georg La Roche (dem Kanzler des Großfürsten) und Großmutter Sophie La Roche (der ersten deutschen Autorin eines Frauenromans) verbringt Clemens auch die ersten Kinderjahre – stets im Wechsel mit dem eigentlichen Zuhause der Familie in Frankfurt am Main. Ab 1784 kümmert sich dann die strenge Tante Louise um den Knaben und seine kleine Schwester Sophie. Die beiden tristen Jahre bei der Tante schweißen die Geschwister eng zusammen, immer wieder flüchten sie in gemeinsame Traumwelten.

Brentano gilt heute als einer der bedeutendsten Schriftsteller der deutschen Romantik; in seinem Gedicht „Zu Bacharach am Rheine …" erschuf er die berühmte Figur der Loreley. Die im Sommer 1802 gemeinsam mit Achim

Die „Vier Türme" Ecke Markt- und Löhrstraße gehören zu den interessantesten Häusern der Stadt. Ihren Namen erhielten sie von den herrlich verzierten Barockgiebeln.

Gastlichkeit in Koblenz, sei es vor Regen und Sonne geschützt unter den Arkaden am Münzplatz ...

Die noblen klassizistischen Häuser zeigen es schon an: „Am Plan" gehört zu den vornehmen Plätzen der Stadt, gesäumt von Cafés und Restaurants.

... oder unter freiem Himmel auf der Aussichtsterrasse der Festung Ehrenbreitstein.

von Arnim unternommene Rheinreise markierte den Beginn der sogenannten Rheinromantik.

Ein reisender Buchhändler

Karl Baedeker steht für die moderne Reiseführer-Literatur. Einer Essener Drucker- und Verlegerfamilie entstammend, eröffnet der Buchhändler 1827 am Koblenzer Görresplatz seine eigene Verlagsbuchhandlung. Auch die 1828 erschienene „Rheinreise von Mainz bis Cöln" des Koblenzer Gymnasialprofessors Johann August Klein gehört ab 1832 zum Programm. Die 2. Auflage erscheint 1835 in einer von Baedeker stark erweiterten Form: Der junge Verleger hat erkannt, dass Reisende nicht nur Informationen zu Sehenswürdigkeiten benötigen, sondern auch Hinweise zu Hotels und Gasthöfen und zu den Verkehrswegen. All das bietet ihnen Baedeker, der jeden Sommer zunächst persönlich auf Wanderschaft geht und recherchiert.

Ruine in königlichem Glanz

16 Millionen Euro verschlang die Restaurierung des südlich von Koblenz gelegenen Schlosses Stolzenfels. Hell wie in den vergangenen Zeiten strahlen die Mauern des bis heute wohl schönsten und bedeutendsten Baukomplexes der preußischen Rheinromantik. 1823 erhielt Kronprinz Friedrich Wilhelm die einstige kurtrierische Zollburg als Ruine von der Stadt Koblenz zum Geschenk und ließ sie von Architekt Karl Friedrich Schinkel bis 1842 zu seinem Sommersitz umgestalten.

Auch die herrlichen Parkanlagen, entworfen von dem Landschaftsarchitekten Peter Joseph Lenné, wurden bis 2011 weitgehend authentisch wiederhergestellt. Der königlich-preußische Gartendirektor, Schöpfer u.a. des Zoologischen Gartens von Berlin und der Außenanlagen von Schloss Sanssouci – hatte 1842 den Koblenzer Schlossgarten entworfen und auch maßgeblichen Anteil an der Ausformung der Koblenzer Rheinanlagen.

HOCHWASSER

Land unter – wenn die Mosel steigt

Alle Jahre wieder lassen Schneeschmelze und Regenfälle den Fluss über seine Ufer treten. Aber die Moselaner wissen inzwischen recht gut, mit der Gefahr umzugehen und sich gegen die Fluten zu schützen.

Alle Jahre wieder sorgen die aufgrund von Schneeschmelze oder Dauerregen steigenden Flusspegel zwischen Koblenz und Trier für Schlagzeilen in den Medien. „Fotogen“ herrscht Land unter am Deutschen Eck in Koblenz (Bild links). Die Anrainer kennen das Thema zur Genüge, wie die historischen Pegelmarken in Koblenz (Bild unten) und das Pegelhäuschen in Cochem (Bild rechts unten) zeigen. Sie haben seit Generationen gelernt, damit zu leben. „Wie schon unsere Eltern haben wir das Hochwasser bei der Planung unseres Hauses gleich mit einbezogen“, sagt eine Frau in Ellenz-Poltersdorf. Das eigentliche Erdgeschoss birgt meist die Garage und/oder einen Abstellraum und ist in der Regel rundum gefliest. „So kann man nach dem Hochwasser alles besser sauber machen; der Schlamm und anderes lässt sich einfach mit dem Schlauch wegspritzen“, erzählt die junge Ellenzerin.

Das ist gut so: In Poltersdorf steht die Mosel bald gut zwanzig Zentimeter im Ort. Aus Zell heißt es, „hüfthohes Schmutzwasser“ sei über die Schutzmauer in die Altstadt geflossen. 30 Moselgemeinden sind diesmal vom Winterhochwasser betroffen. „Die Moselaner gehen mit dem Hochwasser sehr routiniert um“, lobt ein Sprecher der Zeller Einsatzkräfte. Die Anrainer hätten die lange Vorlaufzeit genutzt und ihre Keller und Garagen geräumt; eine Tankstelle an der Bundesstraße habe vorsorglich die Zapfsäulen abmontiert und die Tanks versiegelt.

Drei Länder agieren gemeinsam

Das Anschwellen des Flusses lässt sich inzwischen recht präzise voraussagen und bewältigen. Denn es gibt heute einen Hochwassermeldedienst des rheinlandpfälzischen Landesamtes für Umwelt und Wasserwirtschaft sowie Hochwasserlagezentren in Trier, Koblenz und Saarbrücken. In der IKSMS (Internationale Kommission zum Schutze von Mosel und Saar) bündeln Deutschland, Frankreich und Luxemburg ihre Aktivitäten mit dem Ziel, ein automatisches Pegelinformationssystem einzurichten. Der „Aktionsplan Hochwasser“ beinhaltet Verstärkung des Wasserrückhaltes, kurzfristige Optimierung der Messnetze und Meldeinstrumente, Verlängerung der Vorhersagezeiten für die Untermosel auf bis zu 24 Stunden und Senkung der Schadensrisiken um bis zu 25 Prozent (2020).

Die zweite Welle

All das greift inzwischen, so dass man sich im Winter 2011/2012 auch im Trierer Hochwasserlagezentrum gelassen gab: „Von einer Jahrhundertflut kann keine Rede sein“. Von Entwarnung aber auch nicht: Es kam noch eine zweite Welle – erst Anfang März 2012 kehrten Mosel und Rhein in ihr Bett zurück. Zum letzten Mal sorgten im Januar 2018 starke Regenfälle für Überflutungen in Rheinland-Pfalz.

Oben: Hochwasserwarnschild vor dem Uferweg der Mosel in Trier.
Unten: Pegelhäuschen in Cochem.
Links: Land unter am Deutschen Eck in Koblenz.

Historische Pegelmarken in Koblenz

Fakten

Die Hochwasser der Mosel werden **seit 1817 dokumentiert** und seitdem wissenschaftlich erforscht.
Als Hochwasser gilt ein **Pegelstand von 6 Metern** und mehr. Die typischen Hochwassermonate sind **November, Dezember, Januar und Februar**, aber auch im März, April und Oktober kann der Pegel steigen.
Die letzten **Jahrhunderthochwasser** an der Mosel waren **1784 und 1993.**

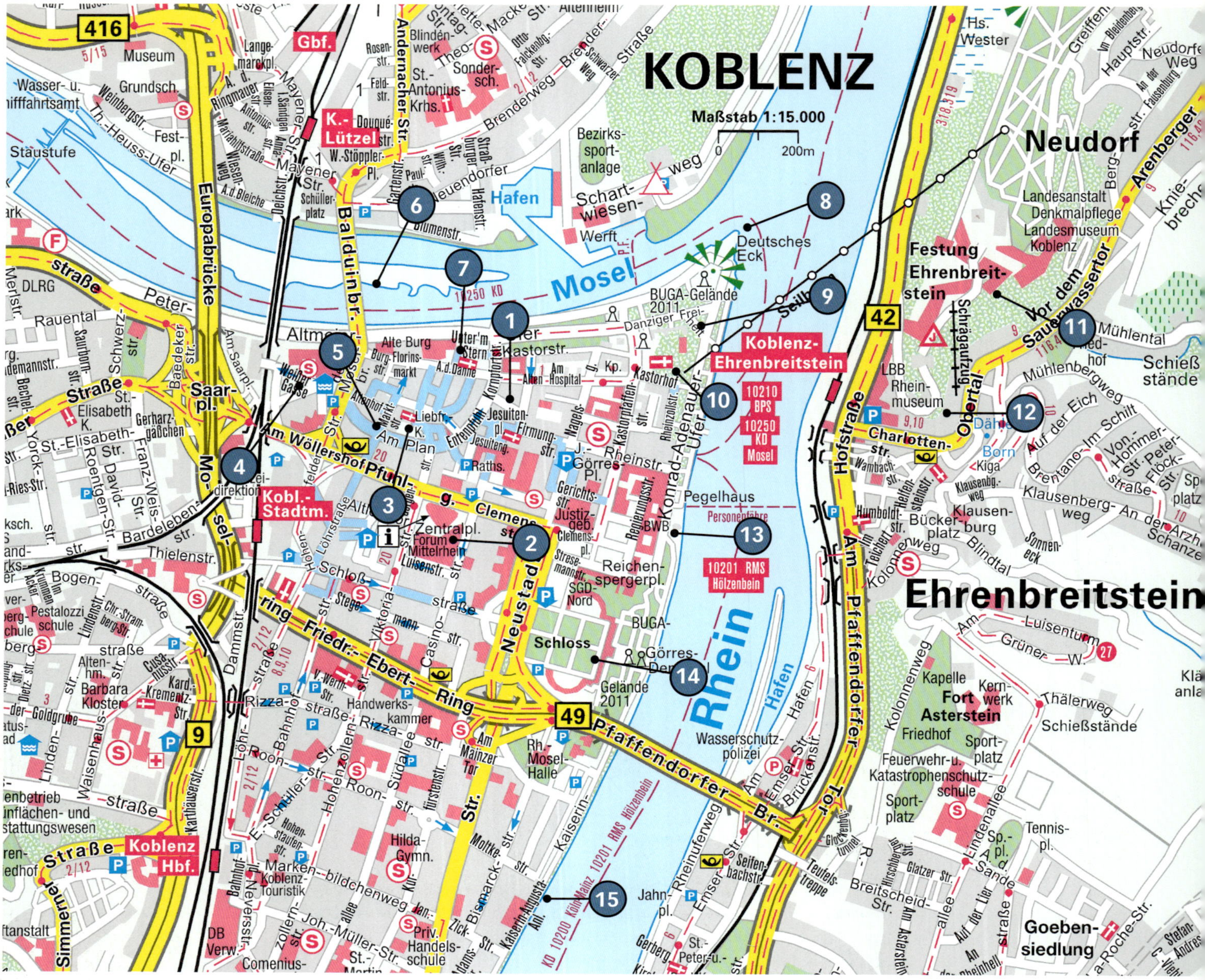
KOBLENZ
Maßstab 1:15.000
0
200m
Neudorf
Ehrenbreitstein
Festung Ehrenbreitstein
Mosel
Rhein
Deutsches Eck
BUGA-Gelände 2011
Koblenz-Ehrenbreitstein
Kobl.-Stadtm.
Koblenz Hbf.
K.-Lützel
Gbf.
Hafen
Schloss
Europabrücke
Balduinbr.
Pfaffendorfer Br.
Friedr.-Ebert-Ring
Neustadt
Altstadt
Fort Asterstein
Goeben-siedlung
Landesanstalt Denkmalpflege Landesmuseum Koblenz
LBB Rhein-museum
Pegelhaus
Wasserschutz-polizei
Rh.-Mosel-Halle
Zentralpl. Forum Mittelrhein
Görres-Denkm.
Jesuiten-pl.
Am Plan
Liebfr.-K.
Alte Burg
Florins-markt
Kastorstr.
Kastorhof
Konrad-Adenauer-Ufer
Am Wöllershof
Pfuhlg.
Clemensstr.
Löhrstr.
Viktoriastr.
Casinostr.
Hohenzollernstr.
Südallee
Bahnhofstr.
Markenbildchenweg
Kaiserin-Augusta-Anl.
Rizzastr.
Roonstr.
Moselring
Saarpl.
Peter-Altmeier-Ufer
Hofstraße
Am Pfaffendorfer Tor
Charlottenstr.
Obertal
Sauerwassertor
Mühlental
Schießstände
Kapelle
Kernwerk
Sportplatz
Tennispl.
Feuerwehr-u. Katastrophenschutz-schule
Hilda-Gymn.
Priv. Handelsschule
DB Verw.
Koblenz-Touristik
Staufstufe
DLRG
Rauental
Museum
Grundsch.
Bezirks-sportanlage
Schartwiesenweg
Werft
Bündenwerk
St.-Antonius-Krhs.
Theo-Sonder-sch.
Personenfähre
10210 BPS
10250 KD Mosel
10201 RMS Hölzenbein
416
42
49
9
1
2
3
4
5
6
7
8
9
10
11
12
13
14
15
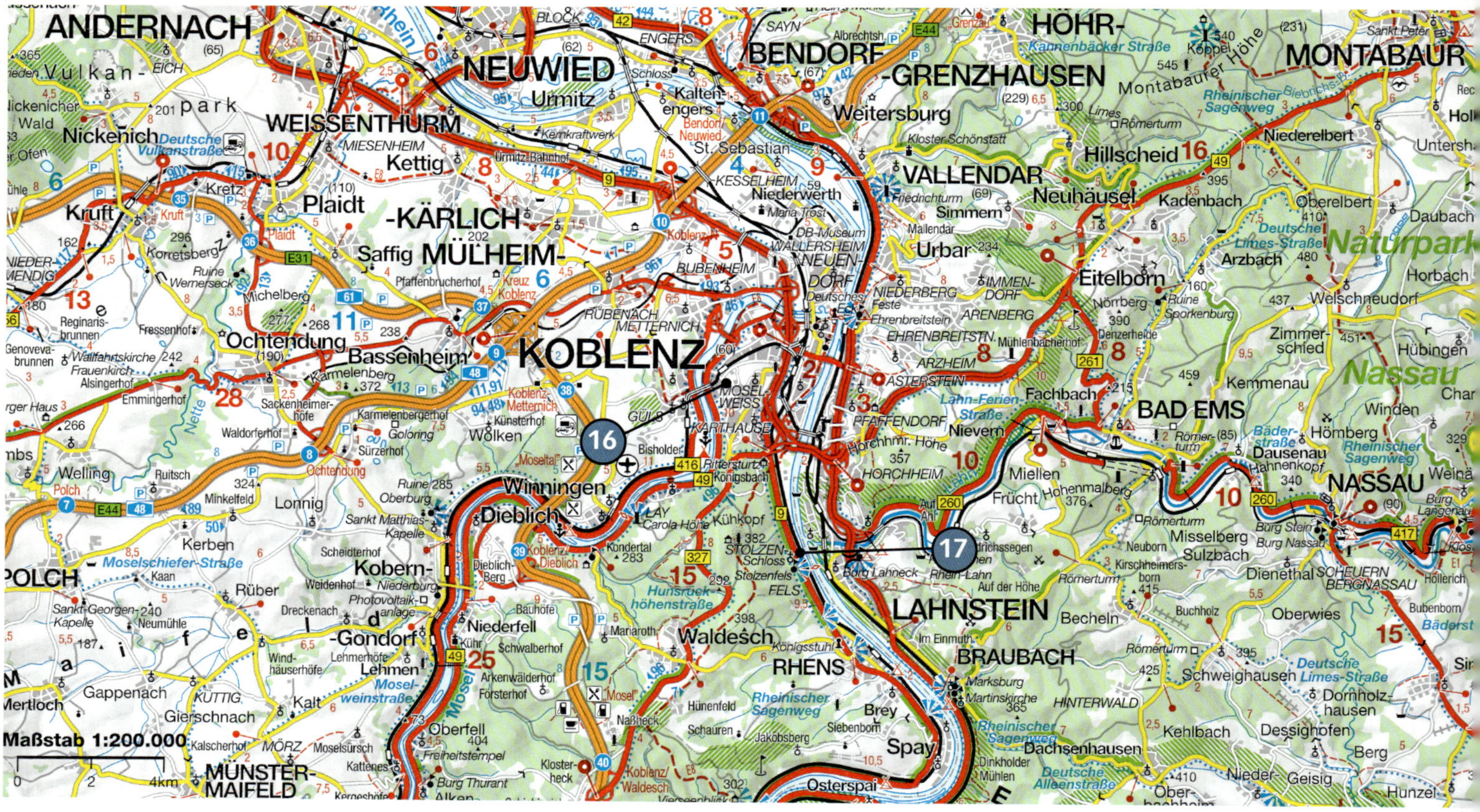
ANDERNACH
NEUWIED
BENDORF
HÖHR-GRENZHAUSEN
MONTABAUR
WEISSENTHURM
Urmitz
Kaltenengers
Weitersburg
VALLENDAR
Nickenich
Kettig
MÜLHEIM-KÄRLICH
Plaidt
Kruft
Saffig
Ochtendung
Bassenheim
KOBLENZ
Wolken
Winningen
Dieblich
Kobern-Gondorf
LAHNSTEIN
BRAUBACH
RHENS
Waldesch
Brey
Spay
BAD EMS
NASSAU
Hillscheid
Neuhäusel
Simmern
Urbar
Eitelborn
Arzbach
Fachbach
Niederelbert
Oberelbert
Kadenbach
Welschneudorf
Zimmerschied
Kemmenau
Dausenau
Hömberg
Miellen
Frücht
Becheln
Niederwerth
Vallendar
Polch
Kerben
Rübenach
Lonnig
Gappenach
Gierschnach
Kalt
Niederfell
Oberfell
Alken
MÜNSTERMAIFELD
Naturpark Nassau
Vulkanpark
Deutsche Vulkanstraße
Moselschiefer-Straße
Hunsrück-höhenstraße
Rheinischer Sagenweg
Deutsche Limes-Straße
Lahn-Ferien-Straße
Kannenbäcker Straße
Montabaurer Höhe
Maßstab 1:200.000
0
2
4km
16
17

Markante Mündung und Festungsglanz

Zugehörig zum UNESCO-Welterbe Oberes Mittelrheintal, zeigt sich Koblenz mit seinen rund 110 600 Einwohnern in schönster Blüte, sowohl in der linksrheinischen Kernstadt mit Basilika, Schloss und charmanten historischen Plätzen als auch am rechten Flussufer, wo die Festung und ihr Gelände sich verwandelten zu zukunftsweisenden Kultur- und Landschaftsstätten.

Allgemein

Die Anfänge der historischen Garnisonsstadt am Zusammenfluss von Rhein und Mosel – lat. fluvii confluentes, daraus abgeleitet der Stadtname – gehen zurück bis in die Römerzeit. Zwischen den Uferschenkeln der beiden Flüsse liegt die nach den Bombenschäden des Zweiten Weltkriegs weitgehend rekonstruierte Altstadt mit ihren engen Gassen und intimen Plätzen; im Süden schließt sich die rheinwärts ausgerichtete, ab dem 18. Jh. erbaute Neustadt an. 1947–1950 war Koblenz Sitz der Landesregierung von Rheinland-Pfalz. Anlässlich der Bundesgartenschau 2011 startete die Stadt ein Sanierungs- und Um- bzw. Ausbauprogramm.

Tipp

Geocaching

Ein Frosch braucht bekanntlich Wasser. In Koblenz findet er es dank des Rheins. Aber auch in den zahlreichen Brunnen der Stadt. In welcher dieser Fontänen fühlt der kräftige Springer sich jedoch am wohlsten? Es sind gleich mehrere, die das in diesem Falle virtuelle Tierchen sich sucht. Und via GPS sucht der Stadtbesucher mit. Für die diversen Schritte zum Ziel sind Aufgaben zu lösen, gebündelt in einem Fragebogen. Am Ende der „Froschkönig"-Rallye erhält jeder Teilnehmer einen Schatz, den er selbst „heben" muss!

INFOS
Die begleitete Tour findet zwischen März und Nov. zweimal im Monat statt, jeweils mittwochs (17.00 Uhr) und samstags (14.00 Uhr). Dauer ca. 2,5 Std., Preis für Erwachsene 12 Euro, für Kinder bis 12 Jahre die Hälfte. Treffpunkt an der Tourist-Information im Forum Confluentes. GPS-Geräte werden gestellt.

Koblenz: Der pittoreske Jesuitenplatz. Die Florinskirche mit ihren kostbaren Glasfenstern. Schängelbrunnen beim Rathaus.

INFORMATION
Tourist-Information
Forum Confluentes
Zentralplatz 1, 56068 Koblenz
Tel. 02 61/1 94 33, www.koblenz-touristik.de

Sehenswert

ALTSTADT
Am besten beginnt man den Stadtrundgang am 1 **Jesuitenplatz**, an dessen Saum u.a. die ehemalige **Jesuitenkirche** St. Johannes der Täufer (1613–17) steht mit Renaissance-Portal sowie das einstige, mit seinen Türmen und prächtigen Portalen wie ein Schloss wirkende Jesuitengymnasium. 1694–1701 erbaut an der Stelle des von den Franzosen zerstörten ersten Schulhauses, dient es seit 1895 als **Rathaus**. Etwas versteckt im Rathaushof steht der **Schängel-Brunnen** (vgl. S. 25). Die 3 **Liebfrauenkirche** entstand im Mittelalter auf den Grundmauern eines Gotteshauses aus dem 5. Jh., welches auf römischen Fundamenten ruhte. Bis ins 19. Jh. wurde der Bau mehrfach verändert. Noch heute läutet um 22.00 Uhr eine der Glocken zur Erinnerung an die einstige Schließung der Stadttore um diese Zeit.

Das Areal 5 **Am Plan**, einst barock bebaut und als Markt-, Turnier-, und Veranstaltungsplatz genutzt, ließ Kurfürst und Schlossherr Clemens Wenzeslaus von Sachsen modernisieren, eben („plan") pflastern und im klassizistischen Stil umgestalten. Die Eckhäuser des Altengraben und der Einkaufsmeile Löhrstraße bilden das Vier-Türme-Ensemble mit reicher Erkerzier. Am 4 **Münzplatz** wurde ab dem 11. Jh. ein Großteil des Geldes der Kurfürsten von Trier geprägt. Von den Münzgebäuden ist nur noch das Münzmeisterhaus (18. Jh.) erhalten. Auf römischen Fundamenten im Mittelalter als Wohnturm errichtet und ab 1277 wehrhaft umgestaltet, diente die Alte Burg (heute

Stadtarchiv) vielen Trierer Erzbischöfen und Kurfürsten als Residenz. Sie vereint Elemente der Spätgotik, der Renaissance und des Barock. Im Haus Metternich (Münzplatz 8), 1674 als Stadthof der Adelsfamilie errichtet, erblickte u.a. der spätere Außenminister und Staatskanzler des österreichischen Kaiserreichs das Licht der Welt. Heute dient das Gebäude u.a. als Ausstellungshalle. Die 6 **Balduinbrücke** war die erste steinerne Moselbrücke. Kurfürst Balduin von Luxemburg ließ den Bau 1342 beginnen. An der selben Stelle befand sich bereits zu Römerzeiten ein Moselübergang.

Am 7 **Florinsmarkt** erhebt sich die doppeltürmige **Florinskirche**, ursprünglich geistiges Zentrum eines bedeutenden Stifts, an dem u.a. Nicolaus Cusanus das Probstamt innehatte. Sie besitzt herrliche mittelalterliche Wandmalereien und kostbare gotische Glasfenster. Parallel zum Fluss stehen auf dem Platz zudem das **Schöffenhaus** (16. Jh.), der **Bürreheimer Hof** (17. Jh.) sowie das im 15. Jh. erbaute, im 17./18. Jh. umgestaltete **Kauf- und Danzhaus**. Händler, deren Schiffe am Moselufer lagen, boten hier einst ihre Waren an; in den oberen Sälen wurden Feste oder Versammlungen ausgerichtet. Die Fassade ziert der sog. **Augenroller**, eine schwarze Männerfratze, die (da mit dem Pendel einer Uhr verbunden) die Augen rollt und zur vollen Stunde die Zunge herausstreckt. Der Sage nach erinnert des Bildnis an den Raubritter Johann Lutter von Kobern, der auf dem Weg zu seiner Hinrichtung forderte: „Errichtet mir ein Denkmal, es wird euch Glück bringen!" und auf dem Schafott dann seine Augen verdrehte und die Zunge herausstreckte.

Durch die Kornpforte gelangt man hinab zum anlässlich der BUGA 2011 neu gestalteten **Moselufer** mit dem **Deutschen Kaiser**, einem Wohnturm aus dem 16. Jh., und zum 8 **Deutschen Eck** TOPZIEL. Das auffällige Reiterstandbild zeigt Kaiser Wilhelm I. und ist eine Nachbildung des im Jahr 1945 zerstörten Originals von 1897. Hinter dem Mauerdurchgang zum 9 **Deutschherrenhaus** (heute: Museum Ludwig) öffnet sich das Stifts-Areal der 10 **Basilika St. Kastor,** wo bereits die Römer zur Zeit von Kaiser Augustus (27 v. bis 14 n.Chr.) ein erstes Kastell errichteten. Die Anfänge der Kastorkirche reichen ins 9. Jh.

EHRENBREITSTEIN

Über den Blumenhof der Basilika erreicht man die Talstation der Seilbahn zur 11 **Festung Ehrenbreitstein** TOPZIEL (April–Okt. 10.00 bis 18.00, Nov.–März 10.00–17.00 Uhr, www.die festungehrenbreitstein.de). Fast 120 m hoch über dem Rhein gelegen, wurde die zweitgrößte erhaltene Festung Europas in ihrer heutigen Gestalt zwischen 1817 und 1828 erbaut. Ihr Ursprung geht zurück auf den Konradiner Ehrenbert (um 1000). Besiedelt war die Höhe bereits in vorchristlicher Zeit. Zur BUGA 2011 wurden Feste und Festungspark saniert und gehen nun mit neuen bzw. modernisierten Einrichtungen in die Zukunft. So wandelte sich z.B. das Gelände an der **Seilbahnstation** mit seiner skulpturalen Aussichtsplattform zum Landschaftspark mit Klettergarten. Und im Schlossgelände birgt der Fahnenturm den Zugang zu einer multimedial inszenierten archäologischen Grabungsstätte. Auf ihren Felswänden erzählt eine Serie von Lichtzeichnungen die 5000-jährige Besiedlungsgeschichte des Festungsbergs.

Die Basilika St. Kastor in ihrer ganzen Pracht. Das ehem. preußische Regierungsgebäude. Festung Ehrenbreitstein, einer der beliebtesten Treffpunkte der Stadt.

NEUSTADT

Südlich der Talstation der Seilbahn beginnt die Koblenzer Neustadt mit dem fast 160 m langen einstigen 13 **Preußischen Regierungsgebäude**. Direkt am Rheinufer steht auf seiner Höhe das achteckige **Pegelhäuschen** (17. Jh.). Einige Schritte weiter öffnen sich zwei Pforten hinauf zu den 2011 neu angelegten Gärten des 12 **Kurfürstlichen Schlosses**, das Kurfürst Clemens zwischen 1777 und 1786 im Stil des französischen Klassizismus errichten ließ. Jenseits der Pfaffendorfer Brücke beginnen die 15 **Augusta-Anlagen**, jener Teil der insgesamt 3,5 km linken Rheinpromenade, deren Neu-Gestaltung Augusta von Sachsen-Weimar-Eisenach, die Gemahlin Kaiser Wilhelms I., zwischen 1856 und 1861 nach den Plänen von Fürst von Pückler-Muskau bei dem preußischen Gartenbaumeister Peter Lenné in Auftrag gegeben hatte. In den Augusta-Anlagen liegt auch das für die Reichsausstellung „Deutscher Wein" 1925 konzipierte **Weindorf** mit Nachbauten typischer Winzerhäuser aus den deutschen Weinbauregionen (www.weindorf-koblenz.de). Hinter dem Weindorf erstreckt sich das **„Schnorbach Brückstück"**, die einzige Innenstadtweinlage von Koblenz.

Museen

Schwerpunkt der großen Dauerausstellung des 2 **Mittelrhein-Museums** im markanten Forum Confluentes (Zentralplatz 1; Di.–So. 10.00 bis 18.00 Uhr, www.mittelrhein-museum.de) sind Gemälde, Skulpturen und Kunsthandwerk vom Mittelalter bis zum 21.Jh. Das ebenfalls im Forum untergebrachte **Romanticum** (tgl.10.00 bis 18.00 Uhr, www.romanticum.de) lädt zur interaktiven Zeitreise in das Weltkulturerbe Oberes Mittelrheintal. Sammlungsschwerpunkt des 9 **Ludwigmuseums** im ehemaligen Deutschherrenhaus ist die französische Kunst des 20. Jh., besonders nach 1945. Zudem gibt es Wechselausstellungen zu Positionen zeitgenössischer internationaler Kunst (Danziger Freiheit 1, Di.–Sa. 10.30–17.00, So. 11.00–18.00 Uhr, www.ludwigmuseum.org).

„Geborgene Schätze. Archäologie an Mittelrhein und Mosel" heißt die Dauerausstellung im Haupthaus des 11 **Landesmuseums.** Es umfasst insgesamt vier Sammlungen, darunter das Haus der Fotografie im Turm Ungenannt, das Haus des Genusses in der Langen Linie sowie das Haus der Kulturgeschichte in der Hohe Ostfront und Landbastion (alle Festung Ehrenbreitstein, Öffnungszeiten s. dort, www.tor-zum-welterbe.de/festung-ehrenbreitstein).

Das 12 **Rhein-Museum** (Charlottenstr. 53 a, Ehrenbreitstein, Di.–So. 10.00–17.00 Uhr, www.rhein-museum.de) dokumentiert die Kulturgeschichte des Flusses sowie die Themen Schifffahrt, Biologie und Ökologie. Das **Mutter-Beethoven-Haus** (Wambachstr. 204, Ehrenbreitstein, www.mutter-beethoven-haus.de, geöffnet nur an einigen Wochenenden, Info auf der Website oder unter Tel. 0261/129 25 20) birgt eine Fülle von Zeugnissen zum Leben des Komponisten und seiner Familie mütterlicherseits. Weitere Exponate sind den mit Koblenz bzw. Ehrenbreitstein verbundenen Schriftstel-

»Wo Reben sich ranken mit innigem Trieb so meine Gedanken habt alles hier lieb.«

Clemens von Brentano

lern Sophie von La Roche, Clemens Brentano und Bettina von Arnim gewidmet sowie der Am Plan geborenen Hof- und Kammersängerin Henriette Sontag.

Hotels

€€ Ghotel, Neversstr. 15, Tel. 0261/2 00 24 50, www.ghotel.de, 120 Zi. Moderne, klare Räume und die verkehrsgünstige Lage zeichnen dieses Hotel aus.
€€ Trierer Hof, Clemensstraße. 1, Tel. 0261/1 00 60, www.triererhof.de, 35 Zi. Zentraler geht es fast nicht: Mitten in der Altstadt ganz nahe beim Schloss liegt das kleine Hotel.

Restaurant

Hausgemachte Würste, Schängelbraten und andere vorwiegend fleischliche Deftigkeiten sowie Bierspezialitäten serviert **€€ Maximilians Altes Kaufhaus** (Unterm Stern 2, Tel. 0261/97 34 58 46, www.maximilians-altes-kaufhaus.de).

Feste

Die Zeit der Gattin von Wilhelm I. wird lebendig beim **Kaiserin Augusta Fest** (1. Sonntag im Juni, www.augusta-fest.de) in den Rheinuferanlagen und auf dem Gelände des Kurfürstlichen Schlosses. Beim **Altstadtfest** (Anfang Juli) erklingen auf den Plätzen Musik und Stücke in Koblenzer Mundart. Die Spielzeiten der Festivals **RheinVokal** (www.rheinvokal.de) und **Mittelrhein Musik** (www.mittelrheinmusik.de) laufen von Mai bis August. An den Ufern seiner beiden Flüsse feiert Koblenz im Rahmen des Feuerwerkszaubers **Rhein-in-Flammen** den Sommer (Anf. Aug., www.koblenzer-sommerfest.de).

Umgebung

Am nördlichen Steilhang des Karthäuserbergs (ca. 4 km südwestl. vom Stadtzentrum) thront das fast vollständig erhaltene 16 **Fort Konstantin**. Benannt nach dem Bruder des russischen Zaren Alexander I. und als Vorposten zur Sicherung von dessen Feste 1822–1827 errichtet, birgt das Relikt der ehemaligen Festung Koblenz heute das **Rheinische Fastnachtsmuseum** (April–Okt. jedes 1. und 3. Wochenende 10.00–17.00 Uhr, www.fastnachtsmuseum-koblenz.de). Das Fort dient auch kulturellen Veranstaltungen (www.pro-konstantin.de). Etwa 7 km südlich vom Stadtzentrum erhebt sich über dem linken Rheinufer das im 19. Jh. aus den Ruinen einer Burg des 13. Jh.s erstandene 17 **Schloss Stolzenfels** (Mitte März bis Okt. Di.–So. 10.00–18.00, Feb.–Mitte März und Nov. nur Sa., So. 10.00–17.00 Uhr, Dez./Jan. geschl., www.schloss-stolzenfels.de), ein prachtvolles Beispiel preußischer Rheinromantik. Zugänglich sind die Gärten und Teilbereiche der Räume (u.a. Rittersäle und Königinwohnung).

Genießen Erleben Erfahren

DuMont Aktiv

Prickelnde Erinnerungen

In uralte Gewölbe geht es hinab bei der Museums-Führung im Stammsitz des zu den ersten deutschen Sektmanufakturen zählenden Unternehmens Deinhard. Schon Kaiser Wilhelm II. schritt die Stufen zu den weitläufigen Kellern hinab – das Schloss, in dem sein Großvater lebte, steht in Sichtweite.

Johann Friedrich Deinhard persönlich empfängt uns auf dem Treppenabsatz zum Kellergewölbe – lebensgroß hängt das Bildnis des Firmengründers dort an der Wand. Aufmerksam scheint sein Blick allen zu folgen, die über die Stufen hinabsteigen in jene unterirdische Welt, die zu einer der ersten Schaumweinmanufakturen Deutschlands gehört. „Bereits 1843 entschloss sich Johanns Sohn August, nicht nur den Weinhandel seines Vaters fortzuführen, sondern auch Sekt zu produzieren", erläutert unser Guide. Inzwischen sind wir auf der Kellerebene angelangt und werden empfangen von Fässern und Flaschenpaletten. „Über drei Etagen und eine Fläche von 40 000 m^2 erstreckten sich einst die Deinhardschen Gewölbe."

Im ältesten Teil der Kellerei wurde ein Museum eingerichtet, das die gesamte Wein- und Sektherstellung veranschaulicht. Einst mussten die Sektflaschen während der Herstellung regelmäßig von Hand gedreht werden. Produziert wird in Koblenz jedoch nicht mehr; der einstige Privatbetrieb gehört längst zu einem Großkonzern. Die Führung endet im Verkostungsgewölbe – und hier schäumt nach dem „Plopp" der Korken eine schöne Sektauswahl in die Gläser. Zum Wohl!

Weitere Informationen

- **Führungstermine:** nach Vereinbarung unter Tel. 0261 91 15 15 10 oder per Mail: info@deinhard.de, www.deinhard.de. Von Mai–Okt. öffentliche Führung Sa. 17.00 Uhr (1 Std.).
- **Preise:** pro Person 8 € inkl. ein Glas Sekt, pro Person 12 € inkl. Dreier-Sekt-probe, 25 € inkl. Probe von fünf Sekten.
- **Treffpunkt:** In der Deinhard-Vinothek, Deinhardplatz 3, Koblenz

Bei einer Führung durch die Kellergewölbe der ersten deutschen Sektmanufaktur Deinhard kann man den Schaumwein natürlich auch kosten.

Baukunst aller Epochen

Die Untermosel wird auch Terrassenmosel genannt. Hier gräbt sich der Fluss tief in die Landschaft ein. Burgen und Kirchen, Klöster und Winzerhöfe, zudem ein Tunnel, der Technikgeschichte schrieb und schreibt – die Region ist reich an eindrucksvollen Architekturzeugnissen vom Mittelalter bis in unsere Zeit. Dichtern und Musikern liefert sie immer wieder Inspirationen.

Eine der schönsten Burgen an der Mosel: die Reichsburg Cochem. Ein idyllischer Landschaftsgarten umgibt die Feste.

Schloss Liebieg in Gondorf teilt das Schicksal so manchen mittelalterlichen Bauwerks: Es wurde komplett zerstört. Ein Koblenzer Kaufmann ließ es 1859/60 im neugotischen Stil wiedererstehen.

Schloss von der Leyen, auch Schloss Gondorf genannt, ist die einzige Wasserburg an der Mosel. Kurios: Seit 1971 führt die Autostraße unten hindurch.

Altes Gemäuer kann einen besonderen Reiz entfalten – zumal bei gutem Wetter. Dies beweist sich im Restaurant bei der Oberburg in Kobern-Gondorf.

Die sechseckige Matthias-Kapelle in Kobern-Gondorf gehört zu den bedeutendsten spätromanischen Kirchen der Region. Die frische Farbe verdankt sie der Sanierung im Jahr 1990.

„Tor zum Weinparadies der Mosel" steht auf einem Plakat der Jahrhundertwende, das in sattem Rebgrün mit riesling-goldenen Lettern, einem Weinstock und dem in Grün und Sonnenfarben gehaltenen Flusspanorama hinter einem stilisierten rotgoldenen Barockportal für die Gemeinde Winnigen wirbt. Die frühe Werbebotschaft hängt im Heimatmuseum des Ortes, einem Gebäude, das selbst einen beachtlichen kulturhistorischen Wert besitzt. Der Koblenzer Johann Claudius von Lassaulx, eigentlich Mediziner und Jurist, konzipierte das Gebäude im Jahr 1833 im Rahmen seiner regen Tätigkeit als „Königlich Preußischer Baumeister der Rheinprovinz" als Schule.

August Horch – der Winninger Autopionier

Etwa ein halbes Jahrhundert nach der Einweihung der Winninger Schule lichtete ein Fotograf vor ihrer Fassade einen Jungen namens August ab. Die Familie des damals Zehnjährigen wohnte in der Fährstraße nahe dem alten Dorffriedhof. Ihr Name lautete Horch. Der Vater war Winzer und Schmied; bei ihm lernte August nach Ende seiner Schulausbildung 1881 den Umgang mit Amboss und Hammer und konstruierte bald auch sein erstes Fortbewegungsmittel: ein dreirädriges Hochrad. Knapp zwei Jahrzehnte später gründete August als junger Ingenieur in Köln das Unternehmen Horch & Cie und baute sein erstes Automobil. Mit der latinisierten Form seines Familiennamens – audi – schrieb sich der Winninger Pionier dann ins Buch der Automobilgeschichte ein. Zum Gedenken an den berühmten Sohn des Ortes wird u.a. jedes Jahr ein Wein aus Winningen in festlichem Rahmen zur Horch-Edition ausgezeichnet.

Dreißig Familien leben noch hauptberuflich vom Weinbau in Winningen (darunter auch eine namens Horch-Göbel); nebenberuflich bebauen noch einmal ebenso viele die Weinberge ihrer Vorfahren. Seit 1971 dürfen sie alle ihre

Mit malerischen Winkeln ist Alken reich gesegnet, im Ort wie auch auf Burg Thurant.

Burg Thurant wurde um 1200 erbaut. Im Frühling überzieht eine Glyzinie das ehrwürdige Gemäuer mit einem blauen Blütenschauer.

Die beiden markanten Bergfriede der Burg Thurant werden Trierer Turm und Kölner Turm genannt. Zu Füßen der Feste gedeiht die Reblage „Alkener Burgberg“. In der kleinen Winzergemeinde wird überwiegend Weißwein angebaut.

Die drei schneeweißen Türme der Stiftskirche St. Castor beherrschen das Ortsbild von Karden. Von der Zilleskapelle auf dem Zillesberg aus genießt man diese gute Aussicht auf die auch „Mosel-Dom" genannte Kirche.

Weine offiziell Winninger Weinhex' nennen (zuvor lautete der Flurname Heideberg). Den Kollegen in den Nachbargemeinden ist auf ihren Flaschen nur die Bezeichnung Weinhex' ohne Ortsnamen erlaubt. Im Winninger „Spital", einst Herberge für Handwerksburschen auf der Walz, Soldaten oder Pilger, die heute zur Vinothek umgebaut wurde, sind 18 örtliche Weinbaubetriebe mit ihren Produkten vertreten.

Von Hexen und Wein

Um die Weinhex', die als Figur 1950 bei den Winninger Festspielen geboren wurde und seither gleichberechtigt mit der Weinkönigin in flammenfarbenem Gewand die Feurigkeit des örtlichen Weines symbolisiert, rankt sich folgende Anekdote: Am Wolfstor wohnte Veit Mertes, genannt „Pfeifenhannes", mit seinem Weib Kathrin. Veit bestellte seinen Wingert und liebte es, auf seiner Flöte zu spielen.

Eines Tages bemerkte er, dass auf der Treppe zum Fasskeller Wein verschüttet war. Auch der Kellerboden war nass. Veit untersuchte seine Fässer und stellte fest, dass ausgerechnet aus dem besten Fuder vier Daumen Wein fehlten. Nach einigen Tagen war der Fasspegel erneut gesunken. Und Nachbarn berichteten von ähnlichen Verlusten. Wütend beschloss Veit, den Dieb zu stellen. Am nächsten Abend versteckte er sich im Keller. Irgendwann schlich jemand die Treppe hinunter – und Pfeifenhannes erkannte im Schein der Öllampe völlig überrascht seine Frau Kathrin, die er doch bei einem ihrer regelmäßigen Nachbarbesuche wähnte. Geraden Wegs ging sie auf sein bestes Fuder zu, machte sich am Fassboden zu schaffen. Und schon rann der Wein in ihren mitgebrachten Krug. Geschickt stopfte die Diebin mit einem Holzpflock und Talg das Loch im Fassboden wieder zu. Als sie die Kellertreppe hinauf schleichen wollte, sprang Veit aus seinem Versteck und spielte mit seiner Flöte eine eindringliche Melodie. Seit dieser Zeit hatten die Nachbarn Ruhe vor der, wie sie geglaubt hatten, geheimnisvollen Hexe Kathrin, die den Wein aus den Fässern naschte, und Pfeifenhannes auch.

Mit dem tiefen Ernst der historischen Tatsachen hat diese Sage, die sogar auf einer Balkenschnitzerei im Ort bildlich dargestellt und in reimenden Worten beschrieben ist, indes rein gar nichts gemein. Tatsächlich erinnert die Figur der Hex', die als Brunnenfigur im Ortszentrum steht, an ein trauriges Kapitel Winninger Geschichte: Hier war der Hexenwahn besonders stark und lange verbreitet. Noch im 17. Jahrhundert verbrannte man 21 Frauen auf dem „Hexenhügel" (Heideberg), der bereits zu keltischer Zeit eine Kult- und Gerichtsstätte war.

Aus dem Heideberg wurde die berühmte Winninger Weinhex'.

Cochems Neuschwanstein

Jacob Louis Ravené liebte die Künste. Mit anderen Familienmitgliedern sammelte und vertrieb er in einer Galerie in seiner Heimatstadt Berlin hochkarätige Malerei, war Mitbegründer einer Fayencewerkstatt und Vorstandsmitglied des Kunstgewerbemuseums dort. Eine Dienstreise – die Ravenés produzieren eigentlich Eisenwaren und interessieren sich daher naturgemäß sehr für den Bau des Kaiser-Wilhelm-Tunnels – bringt Jacob Louis um 1865 von der Spree an die Mosel. Die zahlreichen Burgen und Burgruinen an ihren Ufern be-

Die Reichsburg Cochem lag in Trümmern, wurde dann aber von einem Berliner Kaufmann im neugotischen Stil wieder aufgebaut.

Nicht nur von außen, auch innen huldigt man auf der Reichsburg Cochem der Burgenromantik und zelebriert zum Gaudium der Teilnehmer Gastmähler im Stil des Mittelalters.

Prächtige Holzsäulen tragen die stuckierte Decke des „Rittersaals".

Kaiser-Wilhelm-Tunnel

Special

Ein Bauwunder für die Bahn

Anfang 2010 begannen die Arbeiten an der neuen Röhre des Kaiser-Wilhelm-Tunnels, der historischen Gleisverbindung zwischen Cochem und Ellerbachtal.

Seit Mai 1897 machte dieses von seinem Namenspatron persönlich eingeweihte Bauwerk die Umgehung des Moselkrampen und der großen Moselschleife möglich und verkürzte die Schienenstrecke von dreißig auf fünf Kilometer. Mit seinen 4205 Metern war der Kaiser-Wilhelm-Tunnel bis 1985 der längste Tunnel Deutschlands; der Zugbetrieb in ihm verlief zweigleisig.

Durch die zunehmende Frequenz der Verbindungen und immer leistungsfähigere Lokomotiven sahen sich die Tunnel-Ingenieure allerdings schon früh mit einem Lüftungsproblem konfrontiert: Abdämpfe und Rauchgase mussten ausgeleitet werden. 1904 wurden daher eine Belüftungsanlage in Betrieb genommen, 1913 dann ein Lüftungsschacht gebaut. Immer wieder wurde in den Folgejahren nachgebessert. Seit der Jahrtausendwende gibt es zudem eine durchgehende Löschwasserversorgungsleitung und Beleuchtung in dem Tunnel. Der Fertigstellung der neuen Röhre 2014 folgte alsbald die Sanierung des historischen Tunnels. Seit Juli 2017 wird die Strecke nun wieder zweigleisig befahren.

Kunst am Bau: der Tunnel bei Eller

flügeln seine künstlerische Phantasie. In Traben-Trarbach trägt der mit Künstlern und Architekten befreundete preußische Kommerzialrat den Stadtvätern an, die Grevenburg wieder aufzubauen – auf seine Kosten. Der Vorschlag findet indes kein Gehör. Als nächstes interessantes Projekt gerät dem Hugenotten-Spross die von den Truppen des französischen „Sonnenkönigs" Ludwig XIV. im Zuge des Pfälzischen Erbfolgekriegs in Schutt und Asche gelegte Reichsburg zu Cochem in den Blick.

Die Reichsburg ersteht neu

Rasch stellt Ravené bei der preußischen Domänenverwaltung den Antrag auf Kauf der Burg, um sie wieder aufzubauen. Schon wenige Monate später erteilt Kaiser Wilhelm I. seine Einwilligung, fordert aber, die noch stehenden Gebäude-Teile zu erhalten, den Aufbau nach historischen Vorgaben durchzuführen und die Burg teilweise der Öffentlichkeit zugänglich zu machen.

Schon 1868 beginnen erste Arbeiten; ab 1871 kümmert sich der einstige Kölner Stadtbaumeister und Planer des Berliner Doms, Julius Carl Raschdorff, um den Fortgang des Baus. Ein weiterer Freund Ravenés, der Maler Ernst Ewald (seine Werke zieren das Berliner Rathaus und die Querhalle der National-

Cochem gehört zu den schönsten Städten an der Mosel. Bars und Restaurants profitieren von dem urgemütlichen Ambiente, das in den alten Gemäuern herrscht, ...

... außen zaubern die Fachwerkhäuser eine malerische Stadtkulisse.
Rund um den Marktplatz konzentrieren sich diese in besonders großer Zahl.

Der lebensfrohe „Kapuziner" verweist auf eine Weinstube mit Vinothek.

Abendliche Szenerie in der Altstadt von Cochem. Auf den Straßen kehrt Ruhe ein, in den Weinstuben und Restaurants beginnt nun das Hauptgeschäft.

„Wir genossen des köstlichsten Moselweins."

Johann Wolfgang von Goethe

„Wir soffen uns langsam den Fluß hinab."

Kurt Tucholsky

galerie) entwirft den aufwendigen Bild-Schmuck an Decken und Wänden und führt ihn zum Teil selbst aus. Aber auch moselländische (Kunst)Handwerker tragen zur Ausgestaltung der Räume bei.

1877 kann Jacob Louis Ravené zum Festbankett anlässlich der Einweihung der Burg und gleichzeitig auch des Kaiser-Wilhelm-Tunnels hochrangige Gäste begrüßen. Nur zwei Jahre später stirbt Ravené. Ein dreiviertel Jahrhundert bleibt die Reichsburg im Besitz seiner Familie und dient ihr als Sommerquartier. Seit 1978 nennt die Stadt Cochem sie ihr Eigen.

Eine inspirierende Reise

„Als wir uns damals in Köln in den Zug setzten, hatte ich viele meiner kleinen Notizkladden, einen Haufen Blei- und Buntstifte, eine Schere, einen Papierkleber und einen Fotoapparat dabei. Schon während der Zugfahrt begann ich mit den ersten Notaten ...". Mit diesen Worten erinnert sich Hanns-Josef Ortheil an den Beginn einer zweiwöchigen Wanderung längs der Mosel, die er 1963, als Elfjähriger, mit seinem Vater unternahm. Die collagenartige Mitschrift des Unterwegsseins – kurze Notizen, Fotos, Postkarten und andere Dokumente – formuliert der Junge zuhause um in einen längeren Text: „Die Moselreise". Als Erwachsener unternimmt der Schriftsteller Ortheil die Reise ein zweites Mal, bringt im Jahr 2010 beide Touren zusammen zwischen zwei Buchdeckel, ebenso wie ihre Entstehung und ihr Weiterleben.

Fluss der Dichter

Mit seiner autobiographisch-literarischen Hommage an die Rheintochter steht der vielfach ausgezeichnete Kölner Autor in einer langen Tradition. Ortheils wohl berühmtester Vorgänger war der römische Dichter Decimius Magnus Ausonius. Dessen Werk „Mosella" beschreibt in 483 Hexametern eine Reise von Bingen über den Hunsrück an die Mosel und, immer deren Verlauf folgend, bis nach Trier.

Zwischen den euphorischen Reimen des spätantiken Verseschmiedes und Lehrers am Kaiserhof zu Trier und Hanns-Josef Ortheils viergeteilten Reflexionen zu den Themen, Landschaft, Sprache, Obsessionen siedeln diverse Text-Gattungen und Aufzeichnungsformen in Sachen Mosel. „Wir genossen des köstlichsten Moselweins" schreibt etwa Johann Wolfgang von Goethe, während Kurt Tucholsky auf Genetiv wie Dezenz verzichtet und freiweg formuliert: „Wir soffen uns langsam den Fluß hinab". Der junge Franzose Guillaume Appolinaire schwärmt seiner maman

Erlebnis wird groß geschrieben in den Moselburgen: alte Handwerke auf der Ehrenburg ...

... und Einblicke in die Falknerei auf der Reichsburg Cochem. Neben Schnee-Eulen zeigen bei den Flugvorführungen auch Falken, Bussarde, Uhus und Adler, was ihnen beigebracht wurde.

In einem Seitental der Mosel erhebt sich die Ehrenburg bei Brodenbach. Auffallend ist der Doppelturm aus dem 14. Jh., bei dem zwei Türme zu einem zu verschmelzen scheinen.

Echtes Mittelalter sieht anders aus: Auf den Ruinen der Reichsburg Cochem ist der Neuanfang im 19. Jahrhundert dennoch gelungen.

von Trier vor, das in einen Atemzug zu nennen sei mit Paris, Rom, Marseille und Amsterdam, und wo es einen Wein gebe „der die Meere, die Tiere, die Pflanzen enthält". Rudolf Binding wählt für seine „Moselfahrt aus Liebeskummer" – erstmals 1932 erschienen, 1941 um die Passage über das „Judendorf Beilstein" bereinigt, 1953 verfilmt – das Motiv einer Begegnung der Geschlechter. Auf seinem Weg von Koblenz stromaufwärts begegnet ein Wanderer einer Frau, die hofft, auf einer Moselreise ihren Liebeskummer zu heilen. Von Cochem an setzen sie ihre Fahrt gemeinsam fort bis Trier und lassen sich vom Charme der Mosellandschaft verzaubern. Und natürlich dient die Mosel inzwischen auch als Kulisse für eine ganze Reihe von Kriminalromanen. Den umfangsreichsten Beitrag zu diesem Genre leistete bislang ein gewisser Mischa Martini. Hinter diesem Pseudonym verbirgt sich der ehemalige Journalist und heutige Verleger Michael Weymann aus Trier. Sein Protagonist, Kommissar Walde, ermittelt allerdings auch schon mal in der Eifel oder muss sich mit den benachbarten Luxemburger Kollegen auseinandersetzen.

Brahms im Kloster

Ein theatralischer Lustspielabend statt mönchischer Lateinstudien und Krankenpflege; Klänge von Brahms, Mahler, Debussy, Bach, Beethoven oder renommierten Jazzkomponisten im einstigen Domizil fleißiger Zisterzienserinnen – die Mosel hat in den vergangenen Jahren nicht nur ihre Burgen, sondern auch ihre Klöster als zeitgenössische Horte von Kultur, Kunst und Kontemplation wiederentdeckt. Fast zwei Dutzend Ordensgründungen säumen die Uferhöhen zwischen Winningen und Konz – jene in Trier kommen noch hinzu.

Neue Wege gehen

Das 1625 gegründete, ehemalige Cochemer Kapuzinerkloster, neben der Reichsburg zweites markantes Bauwerk der Stadt, fungiert seit 2008 als Kulturzentrum. Im Barocksaal von Kloster Machern, ursprünglich eine Benediktinerinnen-Gründung, später Zisterzienserinnen-Konvent und adeliges Damenstift, erklingen im Rahmen des Moselmusikfestivals jeweils Konzerte international renommierter Interpreten. Gleiches gilt für die Klosterruine Stuben in Bremm. Manche Ordenshäuser erfuhren nach der Auflassung auch eine völlig neue Bestimmung: Im einstigen Franziskanerinnenkloster Filzen bei Brauneberg wurden Wohnungen, ein Heimatmuseum und das Weinkulturzentrum eingerichtet. Und heute lädt die Gemeinschaft der Anbetungsschwestern des Königlichen Herzens nicht nur zu feierlichen Liturgien und anderen Veranstaltungen, sondern schlicht auch nur zum Übernachten ein.

Die Mosel dient als Kulisse für etliche Kriminalromane.

BURGEN

Trutzige Zeugen der Macht

Kaum eine zweite Region Europas kann sich mit so vielen Festungsgemäuern schmücken wie das Moselland. Majestätisch und wehrhaft säumt ein gutes Dutzend die Uferhöhen.

Mit ihren spitzdachigen Türmen und Türmchen, mal eckig, mal rund, mit ihren wie angeklebte Wespennester wirkenden Fassadenerkern, ihren winzigen, von Klappläden geschützten Fensterreihen, ihren hochbrüstigen Fassaden und hochgezogenen Giebeln mutet sie an wie das Prachtexemplar eines Ritter-Baukastens. Und wenn Gewitterwolken, Blitze oder rotes Sonnenlicht ihre Silhouette hoch droben auf dem Felssporn umspielen, läuft dem Betrachter regelrecht ein Schauer über den Rücken – ob er sie nun leibhaftig vor sich sieht oder nur auf einer Fotografie: die Burg Eltz in Münstermaifeld, ca. vier Kilometer nördlich des Moselörtchens Müden, darf sich zu Recht eine der schönsten Burgen Deutschlands nennen.

Europas burgenreichste Region

Das Moselland mit seinen gut zwei Dutzend Festungsgemäuern ist bis heute nicht nur eine der burgenreichsten Regionen Deutschlands, sondern sogar Europas. Eindrucksvoll thronen die trutzigen Bauwerke auf den steilen Uferhängen zu beiden Seiten des Flusses. Mit ihren Wehrgängen und Aussichtstürmen, den prachtvollen Rittersälen und urigen Kellergewölben künden sie von der Zeit gräflicher Macht und herrschaftlicher Kämpfe. Denn Ruhe im politischen Sinne herrschte an der Mosel selten.

Schon die Kelten, dann die Römer und die Franken streckten begehrlich die Hand aus nach der Region im Zentrum Europas, bot sie sich doch geradezu an als Pforte von West nach Ost. Früh schon wurden ihre Uferhöhen befestigt, Heerlager und Kastelle errichtet. Wie kein anderes Jahrhundert zuvor brachte jedoch das zwölfte dem Fluss neue, prägnante Architekturen: prächtige Klöster und Abteien, vor allem aber Burgen. Zu den eindrucksvollsten zählen, neben der Eltz, die Reichsburg Cochem (erbaut um 1100), Burg Pyrmont (Ende 12. Jh.), die Ehrenburg (um 1125), die erbaut worden war, um den Moselübergang bei Brodenbach zu bewachen. Burg Thurant bei Alken (erbaut um 1200), ebenfalls ein Schmuckstück, zählt zu den Doppelburgen und besitzt nicht nur einen Bergfried, sondern zwei. Schon die Römer unterhielten auf diesem markanten Bergsporn einen Wachposten.

Fast keine der Burgen mit Ausnahme der Eltz blieb vom Zahn der Zeit verschont. Kriege, Brände, Umbauten und Zerfall verwandelten die stolzen Stätten in Ruinen. Einige jedoch wurden mit viel Geld und Mühe wieder hergerichtet.

Der Rittersaal von Burg Pyrmont (oben) dient heute als Trauzimmer. Nobel zeigt sich Burg Eltz (unten und linke Seite).

Oben: Burg Thurant besitzt gleich zwei Bergfriede.

Das Moselland mit seinen gut zwei Dutzend Festungsgemäuern ist eine der burgenreichsten Regionen in ganz Europa.

Reichsburg Cochem lädt zur mittelalterlichen „Gasterey" (oben). Einen guten Überblick über die Mosel gewährt die Ehrenburg (unten).

Einladung zum Rittermahl

Heute präsentieren sich dem zeitgenössischen Besucher viele der wehrhaften Bauten nicht nur als architektonisches Zeugnis einer Jahrhunderte alten Geschichte, teils sogar mit liebevoll arrangierten kleinen Museen, sondern auch als Stätte der Labsal und des längeren ausruhenden Verweilens: sie bergen ein Restaurant, ein Café, eine Schänke, eine schlichte Pension oder ein edles Hotel, öffnen den Weinkeller für Degustationen oder richten in ihren Mauern für Gruppen oder auch Einzelpersonen ein zünftiges Rittergelage aus, laden zu Grillfesten oder Winzeressen. Die Reichsburg Cochem inszeniert beispielsweise eine mittelalterliche „Gasterey nach Art der alten Rittersleut". „Mägde" und „Knechte" in historischen Gewändern servieren Brot, Käse und Schmalz, deftige Suppen aus dem Kessel oder Keulen vom Grill, musikalisch untermalt von Laute und Gesang. Auch die Burg Eltz lässt ihre Besucher übrigens nicht darben, sei es in der „Unterschänke" in der romanischen Säulenhalle oder in der „Oberschänke" am Burgbrunnen und im Goldschmiedehäuschen.

Auf einen Blick

Burg Eltz – Führungen durch Burg und Schatzkammer, mit Bewirtschaftung (Infos S. 54, www.burg-eltz.de)

Burg Arras – Museumsräume, kleines Hotel mit Zimmern im historischen Stil, im Restaurant mit einheimischen Gerichten, Aussichtsterrasse (Infos S. 73, www.arras.de)

Alte Burg von Longuich – seit sechs Generation bewohnt von der Familie Mertes, die deftige (Winzer)Kost anbietet (Tel. 06502/55 87, www.alteburg-longuich.de)

Ehrenburg – jeden Sonntag historisches Treiben mit Markt und Handwerksvorführungen; 13 individuelle Kemenaten (Infos S. 54, www.ehrenburg.de)

Reichsburg Cochem – Führungen und mittelalterliche Gasterey in Ritterkostümen (Infos S. 55, www.burg-cochem.de)

Zu den Auflagen des Wiederaufbaus der in ihrem Ursprung bis ins 12. Jahrhundert zurückreichenden Reichsburg Cochem gehörte der Erhalt noch stehender Ruinenreste. Das Ergebnis ist allerdings vor allem ein Ausdruck der Burgenromantik des 19. Jahrhunderts.

Maßstab 1:200.000
Niederzissen
Lützing
Burgbrohl
Andernach
Leutesdorf
Neuwied
Urmitz
Bendorf
Vallendar
Weissenthurm
Kettig
Plaidt
Kärlich
Mülheim
Koblenz
Mendig
Kruft
Nickenich
Laacher See
Ettringen
Mayen
Kottenheim
Ochtendung
Bassenheim
Polch
Kobern-Gondorf
Winningen
Dieblich
Lehmen
Waldesch
Rhens
Münstermaifeld
Kaisersesch
Karden
Treis
Cochem
Klotten
Valwig
Bruttig
Fankel
Beilstein
Ellenz-Poltersdorf
Senheim
Bullay
Alf
Zell (Mosel)
Kastellaun
Beltheim
Emmelshausen
Boppard
Simmern
Burgen
Moselkern
Müden
Mörsdorf
Dommershausen
Lahnstein
Deutsche Vulkanstraße
Moselschiefer-Straße
Moselweinstraße
Hunsrückhöhenstraße
Deutsche Alleenstraße
Rheinischer Sagenweg
Mosel
Rhein
Maifeld
Vulkan-Eifel
1
2
3
4
5

Weinterrassen, Burgen und ein Technik-Genie

Sonnenwarme Schieferhänge, die für ein optimales Traubenklima sorgen, eindrucksvolle Rittersitze, Kirchen und Schlösser, dazu Zeugnisse aus keltischer und römischer Zeit – an der Untermosel kommen Augen und Gaumen auf ihre Kosten.

1 Winningen

Zwei Legenden trugen den Ruf von Winningen (ca. 2500 Einw.) in die Welt: jene der Weinhex', die sich heute in der gleichnamigen Reblage manifestiert, und jene aus Fleisch und Blut namens August Horch, Gründer der Automobilmarke Audi (s. S. 39).

Tipp

Rundgang mit Stiftsherr

Gehrock und gepuderte Zopf-Perücke, Schnallenschuhe und Spitzenjabot – die Söhne der Adeligen, die bis Anfang des 19. Jh. im Kardener Stift lebten, trugen kostbare Gewänder statt schlichter Mönchskutten – und genossen zahlreiche Privilegien im Ort. Vom Alltag und Erbe der Stiftsherren, aber auch von der Karder Brenn-Tradition erzählt ein „Stiftsherr" des 21. Jh. – gewandet wie seine historischen Brüder. Probiert werden darf am Ende der Führung im Stiftsherrenkeller natürlich auch.

INFORMATIONEN UND BUCHUNG
Weinhaus Hambrech, Treis-Karden,
Tel. 02672/16 56
www.weinhaus-hambrech.de

Winningen: Gute Stimmung beim Fest Winninger Weinhex. Den Brunnen auf dem Markt ziert eine auf einem Besen reitende Hex.

SEHENSWERT
Von schmucken Fachwerkhäusern umstanden, bildet der **Markt/Weinhof** das Herz des 865 als Windiga erstmals urkundlich erwähnten Ortes. Hier steht auch die Brunnen-Statue der auf einem Besen reitenden Weinhex'. Anders als der Volksmund es oft kundtut, verkörpert sie keine garstige Weindiebin, sondern ist eine mahnende Erinnerung an die Hexenverbrennungen, bis ins 17. Jh. auf dem Heideberg durchgeführt. Ein Gedenkstein erinnert dort an das Schicksal der Frauen. Die dreischiffige Pfarrkirche stammt in ihren ältesten Teilen aus dem 12. Jh. In der **Fährstraße** erhebt sich der ehemalige Amtssitz der Vögte der Markgrafen von Baden, ein stattliches Haus mit Walmdach, das mitsamt zugehöriger Kellerei später in den Besitz der Grafen von Eltz kam, die es dann 1804 an verschiedene Winninger Bürger verkauften. Hier steht an der Nr. 19 das Elternhaus des Automobilpioniers August Horch (1868–1951); heute eine Pension (s. S. 20). Von der Ortsbefestigung des 16. Jh. mit ursprünglich sechs Toren ist noch das Horntor erhalten. Fachwerkhäuser, z.T. mit Kern aus dem 15. Jh. und Weinhöfe aus dem 19. Jh. lassen sich u.a. auch in der **Bachstraße** entdecken; villenartige Winzerhäuser in der **Bahnhofsstraße**.

MUSEUM
In der denkmalgeschützten Alten Schule (19. Jh.) ist heute das **Museum Winningen** untergebracht mit Exponaten zum Weinbau, zur Ortsgeschichte und zu August Horch (Schulstr. 5, Mai–Okt. Sa., So. 15.00–18.00 Uhr und n. Vereinb., Führungen, www.museum-winningen.de).

VERANSTALTUNGEN
Beim **Steillagen-Weinfest** (Mitte/Ende Mai) bieten Winninger Winzer und Wirte Köstlichkeiten aus Küche und Keller direkt in den Weinbergterrassen an. Das **Moselfest** (letztes August- bis erstes Septemberwochenende) gilt als das älteste Winzerfest Deutschlands. Nicht Wein, sondern Kunst steht im Fokus der **Kunsttage** (1. Wochenende im Mai, nächster Termin 2020), an denen moderne Kunstobjekte international renommierter Künstler an unterschiedlichen Orten in Winningen gezeigt werden (www.kunsttage-winningen.de).

INFORMATION
Tourist-Info im Rathaus
August-Horch-Str. 3, 56333 Winningen
Tel. 02606/22 14, www.winningen.de

2 Kobern-Gondorf

Der Doppelort (ca. 3200 Einw.) mit der heute einzigen Wasserburg der Mosel entstand an einer alten Römerstraße. 1969 schlossen sich die Orte Kobern und Gondorf zusammen.

SEHENSWERT
Vom Kobener **Marktplatz** sind es nur wenige Schritte zum Haus Simonis (1321), ursprünglich der Hof des Trierer Stifts St. Marien und wohl ältester originaler Fachwerkbau der Mosel (Kirchstr.1). In der Petersstraße steht das **Burghaus** der Herrn von Kobern, ein mehr als 500 Jahre alter Wohnturm. Vom Marktplatz führt ein steiler Fußweg hinauf zur Ruine Niederburg und zur **Oberburg**, Stammsitz der Herren von Kobern. An ihrer Turm-Seite steht die romanische **Matthiaskapelle**; eines der schönsten Baudenkmäler der Mosel/Rheinregion (Palmsonntag bis Allerheiligen. So., Fei. 11.00–17.00 Uhr). Ursprünglich wurde in ihr das angebliche Haupt des Apostels Matthias aufbewahrt, das Heinrich II. von Isenburg-Kobern im 14. Jh. vom Kreuzzug mitbrachte. Die einzige Wasserburg der Mosel, **Schloss von der Leyen**, wurde als Oberburg von Gondorf 1272 erstmals erwähnt; ab 1560 gestalteten die Fürsten von der Leyen sie zu ihrem Schloss um. Anfang des 19.Jh. erneut umgebaut, birgt das Gebäude u.a. ein Weinmuseum (Ostersamstag–Ende Okt. Sa. 11.00–14.00, So. 14.00–16.00 Uhr).

HOTEL/RESTAURANT
€€€€ Alte Mühle Thomas Höreth, Mühlental 17, Tel. 02607/64 74, www.thomashoereth.de. Acht romantische Zimmer und zwei Dorfhäuschen; zur Anlage gehört auch ein verwinkeltes Weinstubenrestaurant.

UMGEBUNG
Doppelt so groß wie Stonehenge ist die keltische Kultstätte Goloring bei Wolken – erreichbar über den Koberner Burgpfad (17 km) oder den keltischen Rundwanderweg ab **Wolken** (7 km). Überragt von der mächtigen, nach einem Kreuzzug von Pfalzgraf Heinrich 1197 zum Gedenken an die vergebliche Belagerung der Syrerfestung Thuron erbauten Burg Thurant (Mai–Mitte Okt. tgl. 10.00–18.00, März, April, Mitte–Ende Okt. bis 17.00, 1.-15. Nov. bis 16.00 Uhr, Mitte Nov.–Ende Feb. geschl., www.thurant.de) liegt das reizvolle **Alken** (7 km südl.). Im Ortskern sind noch Reste der Stadtbefestigung erhalten. Bei **Brodenbach** (10 km südl.) erhebt sich auf einem Felssporn die teilrestaurierte mittelalterliche **Ehrenburg** (Frühlingsanfang bis Allerheiligen Mo.–Sa. 10.00 bis 18.00, So., Fei. 11.00–18.00 Uhr, Gastronomie und Übernachtungen, www.ehrenburg.de).

INFORMATION
Touristikbüro, Lennigstraße 12–14
56330 Kobern-Gondorf, Tel. 02607/10 55
www.koberngondorf.de

Tipp

Moselaal kosten

Appetitlich und akkurat ausgerichtet liegen sie auf Blechen mit weißem Papier: die selbstgeräucherten Moselaale von Christoph Barden. Der kleine Verkaufsraum steht an der Schleuse Müden bei Treis. Mit seiner Familie betreibt der Fischwirtschaftsmeister auch eine eigene Zucht, u.a. für Forellen.

WEITERE INFORMATIONEN
Moselwehr 4, Treis-Karden,
Tel. 02672/71 37

Cochem: Weinkauf im urigen Gewölbekeller des Weinguts Weiskopf in der Nähe der Reichsburg, Bootstour mit Aussicht auf die Burg.

3 Burg Eltz

Bei Münstermaifeld thront auf einem Fels die Burg Eltz **TOPZIEL**. Die berühmte Bilderbuchfeste zählt zu den wenigen Burgen, die nie zerstört wurden (bis auf einen Brand 1920).

SEHENSWERT
Erbaut im 10. und 11. Jh., wurde Burg Eltz im 19. Jh. umfassend restauriert und vereint mittelalterliche und barocke Bauelemente. Bis zu 45 m ragen die **Wohntürme** auf. Hauptattraktion sind die Schauräume und Rittersäle, allen voran die **Schatzkammer**. Mehr als 500 Exponate, darunter Meisterwerke der Gold- und Silberschmiedekunst, werden hier gezeigt (April–1.Nov. tgl. 9.30–17.30 Uhr).

INFORMATION
Gräflich Eltz'sche Kastellanei, Burg Eltz 1,
56294 Wierschem, Tel. 02672/95 05 00
www.burg-eltz.de

4 Treis-Karden

Unübersehbar beherrscht der weiße „Moseldom" das Bild des Doppel-Ortes (ca. 2300 Einw.) mit zahlreichen Fachwerkbauten und typisch moselländischen Bruchsteinhäusern.

SEHENSWERT
Hauptattraktion ist die reich ausgestattete, ehemalige Stifts- und heutige **Pfarrkirche St. Castor** in Karden. Chor und Querschiff zeugen noch von ihrem romanischen Ursprung. Altarschrein, Haupt- und Seitenschiffe sowie der erhaltene Südflügel des Kreuzgangs stammen aus der Gotik. Der Westturm erhielt Ende des 17.Jh. zwei weitere Geschosse sowie seinen barocken Helm. Im **Stiftsbezirk** erhalten ist ein Ensemble romanischer Bauten mit dem „Korbisch" (Verballhornung von Chorbischof), dem ehem. Wohngebäude des Propstes. Gotische Fresken in der ehem. Stiftsschule Karden zeigen die Sage von Heinrich dem Löwen.

MUSEUM
Im renovierten Zehnthaus (1238) ist das **Stiftsmuseum** untergebracht. Die Sammlung im einstigen Speisesaal der Stiftsherren umfasst Funde aus keltischer, römischer und fränkischer Zeit sowie Kunstschätze des Kollegiat-Stiftes St. Castor (Martberg, Castorstr. 2, Mai bis Okt., Fr.–So., Fei. 15.00–17.30 Uhr).

HOTEL/RESTAURANT
In der rustikalen **€–€€ Winzerwirtschaft Castor** des Wein- und Sektguts (Hauptstr. 36, Tel. 02672/16 66, www.castorwein.de) gibt es auch Gästezimmer und Apartments.

UMGEBUNG
Bei **Roes** (9 km nördl.) liegt im Tal des Elzbaches die Ruine der Burg Pyrmont (bewirtschaftet, Besichtigung Mai–Anfang Okt. So., Fei. 10.00 bis 16.00 Uhr). Der **Archäologiepark Martberg** zwischen Pommern und Karden birgt die Rekonstruktion großer Teile einer keltischen Stadt und eines auf ihren Mauern errichteten römischen Tempelbezirks (Mai–Okt. Fr.–So., Fei. 11.00–17.00 Uhr, www.martberg-pommern.de; es gibt auch ein Café). Über den streckenweise recht steilen Lenus-Mars-Weg (5 km, Tempelsymbol) kann man den Martberg von Karden oder Pommern aus erwandern.

INFORMATION
Tourist-Information, St.-Castor-Str. 87
56253 Treis-Karden, Tel. 02672/9 15
www.treis-karden.de

5 Cochem

Als villa cuchema im Jahr 866 erstmals erwähnt, entwickelte sich die von der Reichsburg überragte Stadt (ca. 5000 Einw.) ab dem 19. Jh. vom Handwerks- und Handelszentrum zur wichtigsten Tourismusadresse der Untermosel.

SEHENSWERT
Von der Moselpromenade sind es nur wenige Schritte zum **Marktplatz** mit dem 1739 im Ba-

rockstil erbauten Rathaus, dem Martinsbrunnen, der Martinskirche mit ihrer barocken Turmhaube und den Fachwerk-Giebelhäusern, die auch die umliegenden, bergwärts führenden Gassen säumen. In der Obergasse zeugen der **Wehrturm** mit **Balduinstor** noch ebenso von der historischen Stadtmauer wie der **Enderttor-Turm** mit der Torwächter-Wohnung aus dem Jahre 1332 und das **Burgfrieden-Tor.** Parallel zur Gasse Am Balduinstor erhebt sich der vom Markt über einen Treppenweg erreichbare Klosterberg mit dem um 1630 erbauten **Kapuzinerkloster** (heute Kulturzentrum). Auf dem Burgberg gegenüber thront als wichtigste Attraktion der Stadt und ihrer Umgebung die majestätische **Reichsburg**. Um das Jahr 1000 erbaut, 1151 von den Stauffern zur Reichsburg erhoben, wurde sie 1689 von den Franzosen zerstört und 1874–1877 wiedererrichtet (Mitte März–Anf. Nov. tgl. 9.00–17.00 Uhr, für die übrigen Monate Infos unter www.burg-cochem.de). Nimmt man den Weg zur Burg über die Bergkuppe namens Tummelchen, lassen sich auch hier noch Reste der alten **Stadtmauer** erkennen, darunter das runde „Zuckertürmchen". Westlich am Burgberg erinnert die St. Rochus-Kapelle an die Pestjahre 1423–1425. Vom Beginn des modernen Industriezeitalters kündet der 1877 eröffnete **Kaiser-Wilhelm-Tunnel**. Seit Frühjahr 2016 kann der historische **Bundesbankbunker** bei einer Führung besichtigt werden (tgl. zur vollen Std., 11.00 bis 15.00 Uhr, www.bundesbank-bunker.de). Im **Edelsteinmuseum** gibt es Exponate aus aller Welt zu bestaunen (Unterbachstr. 5, nur Führ., Apr.–Okt. tgl. um 11.00, 14.00, 16.00 Uhr, März, Nov., Dez. nur nach Voranm., www.edelstein-museum.info).

FESTE

Cochem feiert jedes Jahr das **Blütenfest des Roten Mosel-Weinbergpfirsichs** (2. So. im April) sowie den **Tag des Roten Mosel-Weinbergpfirsichs** (2. Wochenende im Sept.).

HOTEL

€€€ Villa Vinum Moselstr. 18, Tel. 02671/ 9 16 54 45, www.villa-vinum-cochem.de. Die großzügigen Zimmer liegen in einem denkmalgeschützten Jahrhundertwendebau.

UMGEBUNG

Im ehemaligen Fischerdorf **Cond** steht unterhalb der Moselbrücke die noch aktive Historische Senfmühle (Endertstr. 18, tgl. 10.00–18.00 Uhr, www.senfmuehle.net). Zum Aussichtspunkt **Pinnerkreuz** (238 m) fährt ein Sessellift mit Bubble-Kabinen (Ende März–Mitte Nov., tgl. ca. 10.00–18.00 Uhr, www.cochemer-sesselbahn.de). Von der Bergstation ist in 15 Min. zu Fuß der Wild-und Freizeitpark Klotten zu erreichen (www.klotti.de). Über dem **Endertbachtal** (ca. 4 km) erhebt sich die Ruine der Winneburg (13. Jh.) mit prächtigem Blick ins Moseltal.

INFORMATION

Tourist-Information Ferienland Cochem
Endertplatz 1, 56812 Cochem
Tel. 02671/600, www.cochem.de

Genießen Erleben Erfahren

DuMont Aktiv

Fitness mit zwei Stöcken

Rund um Cochem tut sich ein breites Spektrum an Nordic-Walking-Strecken auf. Anfänger üben auf fast ebenen Pfaden durch den Wald, Fortgeschrittene wagen sich an Moselhänge mit über 200 Metern Höhendifferenz heran. Der beste Einstieg: ein Schnupperkurs.

Bei einer Schnuppertour erleben auch Anfänger rasch erste Erfolge mit dieser sportlichen Fortbewegungsart. Schon nach einer guten halben Stunde macht es richtig Spaß, „am Stock zu gehen", auch bergan.

„Schwingen, im natürlichen Rhythmus schwingen!" Wolfgang Müllers freundliches Kommando gilt meinen Armen. In den Händen halte ich je einen ausziehbaren, meiner Körpergröße angepassten Metallstock. Nach dem Schwingen kommt das Schleifenlassen. Die Stöcke hängen locker an den Handgelenken und schrappen über den Weg. Intuitiv schließen sich ab und an meine Finger um die Griffe. Lehrer Wolfgang lobt. Zweites Kapitel: Füße und Beine. Anfangs holpert die Koordination kräftig. Irgendwann aber passen Schrittfolge und Armbewegung, und dank der Stöcke nimmt unser Gehtempo deutlich zu. Ohne stehen zu bleiben, wage ich sogar einen Blick auf den Fluss.

Doch dann führt unsere Strecke bergan. „Dafür brauchen wir eine andere Stocktechnik". Mit Hilfe meines Lehrers klappt es rasch. Ein schweißtreibender, aber schöner Tagesbeginn.

Weitere Informationen

- **Routen:** Im Nature.Fitness.Park®Mosel sind 16 Nordic-Walking-Routen mit Längen von 4 bis 12,5 km und drei Schwierigkeitsgraden ausgeschildert. Alle sind mit Distanz- und Richtungsschildern sowie einem Übungsschild versehen.
- **Informationen:** zu Routen, Stockverleih und Schnupperkursen unter www.cochem.de.

Nordic Walking: fit durch die Bilderbuchlandschaft rund um Cochem. Bei einem Kurs erlernt man schnell die richtige Technik.

Ein alpines Rebgelände

Alles dreht sich um den Wein zwischen dem romantischen Beilstein, dem Jugendstil-Städtchen Traben-Trarbach und dem Römerschiff-Hafen Neumagen-Dhron. Die Flussufer scheinen hier auch ein besonders gutes Terrain für engagierte Visionäre zu sein: ob in Sachen Architektur oder Bootsbau, Tourismus oder Winzertum, Philosophie oder Naturwissenschaften.

Moselschleife bei Bremm: Die gewaltige Formkraft des Wassers schuf eine atemberaubende Szenerie.

Beilstein ist so gut erhalten, dass der gesamte Ort unter Denkmalschutz gestellt wurde. Am Fuß der Treppe warten Erfrischungen in der Klosterschenke (ganz oben). Auch in den Gewölbekellern der Altstadt (rechts) und im Restaurant Burg Metternich ist den Gästen ein guter Trunk sicher (oben).

Ein gemütlicher Spaziergang durch die Weinberge führt hinauf zur Burgruine Metternich oberhalb von Beilstein. Das idyllische 160-Seelen-Dorf, das sich gerne „Dornröschen an der Mosel" nennt, diente schon mehrfach als Filmkulisse.

König Eduard VII. von Großbritannien pflegte Moselwein vom „Doctorberg" als „Medizin" zu trinken.

Würzgarten, Himmelreich, Sonnenuhr, Kranklay oder gar Nacktarsch – woher stammen solche Bezeichnungen für einen Wein? Den mitunter so fantasievoll anmutenden Lagennamen, die seit alters her dazu dienen, die zahllosen, oft ohne sichtbare Grenze miteinander verzahnten Weinbergparzellen kenntlich zu machen, liegt in der Regel die Natur zugrunde. Lay oder ley (von altgriechisch läas = Stein) etwa referiert auf die Bodenbeschaffenheit, d.h. den Schieferstein an den Moselhängen. Krank hingegen hat nichts mit Ungeziefer auf den Reben zu tun, sondern ist eine Verballhornung des römischen grande (= groß).

Sonnenuhren am Moselhang

Auch Aussehen und Umgebung der Parzellen standen oft Pate bei den Lagennamen. So war es in den Weinbaugemeinden im Mittelalter durchaus üblich, einen Gewürzgarten anzulegen, um Gewürzweine herzustellen. Und ab dem 16. Jahrhundert ließen die Kirchenvertreter, denen das Privileg der Zeitmessung zukam, riesige Sonnenuhren an den Moselhängen errichten. Sie dienten u.a. zur Stundenabrechnung gegenüber den Fronherren, für die die Weinbauern arbeiteten. Die ungewöhnliche Bezeichnung „Nacktarsch" hat ihren Ursprung wohl im keltischen Wort nackars bzw. im Altdeutschen nuck – beides bedeutet felsige Erhöhung/Höhe. Und arsch meint schlichtweg Hecke. Nicht eindeutig geklärt ist die Herkunft des Namens Doctorberg. Seine erste urkundliche Erwähnung erfolgte erst im Jahr 1677. Damals erbte den Hang der Geistliche Rat Dr. Heinrich Linden. Belegt ist allerdings, dass König Eduard VII. von Großbritannien den Wein dieser Lage als „Medizin" trank.

Europas steilster Weinberg

Calidus mont – wörtlich: heißer Berg – nannten die Römer jenen knapp 300 m hohen Hang aus Grauwacke und Schiefer an der Flussschleife bei Bremm, der bereits vor 400 Millionen Jahren entstand und heute als Europas steilster Weinberg gilt. Vielleicht brachte die gut 60%-ige Neigung des Calmont schon die antiken Weinbauern ins Schwitzen; vielleicht ist die „hitzige" Bezeichnung aber auch der Tatsache geschuldet, dass die Sonnenstrahlen durch den besonderen Hangwinkel sehr lange eingefangen werden und somit lange für hohe Bodentemperaturen sorgen. Die Einheimischen sagen übrigens meist „Kallberg" zu ihrer berühmten Höhe, auf der neben Reben auch Berberitze und Buschwindröschen, Knoblauchsrauke, Mauerpfeffer, Felsen-

Abendsonne taucht das Dorf Lieser in ihr zauberhaftes Licht. Die von West nach Ost fließende Mosel schafft hier ideale Südhänge.

In der Moselschleife bei Bremm kündet die Ruine Stuben von 600 Jahren Klostergeschichte.

Der Calmont, steilster Weinberg Europas, zwingt Winzer und Wanderer zu Höchstleistungen.

Seit 500 000 Jahren formt die Mosel die Landschaft und hat zahlreiche Steilwände aus dem Gestein gegraben – zur Freude der Abenteuerlustigen.

kirsche und seltene Storchschnabelarten wachsen. Schmetterlinge wie das unscheinbare Taubenschwänzchen und der sehr seltene, rot getupfte Apollofalter lieben den Steilhang ebenfalls. Für die Winzer indes bedeutet der Calmont Arbeit unter nahezu alpinen Bedingungen. Maschinen können auf den fast senkrecht abfallenden Terrassen kaum eingesetzt werden; die gesamte Rebpflege erfolgt somit per Hand.

Die Katze als Weintester

Ähnliches gilt in den Steillagen von Zell. Aber trotzdem stehen um die Stadt rund vier Millionen Rebstöcke – darunter auch jene der Großlage „Schwarze Katz'". Um deren Namensgebung ranken sich gleich mehrere Legenden. Die „offizielle" erzählt vom Jahr 1863, als drei Aachener Weinhändler nach einer ausgiebigen Weinprobe sich nicht einigen konnten, welches der drei in die engere Auswahl gezogenen Fässer nun das beste sei. In diesem schwierigen Moment, so heißt es, kam die Frau (nach anderen Quellen: die Schwester) des Winzers in den Keller, um den Händlern eine Brotzeit zu reichen. An die Beine der Frau schmiegte sich eine schwarze Katze. Plötzlich sprang das Tier auf eines der drei Fässer und fauchte jeden an, der sich dem Behältnis nähern wollte. Schnell entschied

Special

Trithemius

Ein heimatverbundener Humanist

„Abt und Humanist" steht in schlichten Lettern auf der Gedenktafel an dem Winzerhaus im Herzen von Trittenheim, in dem am 1. Februar 1462 Johannes Zeller das Licht der Welt erblickte.

Bald indes zog es den Knaben fort aus dem kleinen Moselort, zu theologischen Studien in Heidelberg und mit zwanzig Jahren dann ins Benediktiner-Kloster nach Sponheim. Spätestens dort, an der Nahe, nannte sich der Gelehrte Trithemius (latinisiert nach seinem Heimatort) und wählte als Wappensymbol eine Traube – schließlich war auch die neue Heimat ein Weinbaugebiet. Seine Verbundenheit mit der Reblandschaft seiner Vorfahren indes blieb stets an erster Stelle, wie man den eigenen Worten des Humanisten entnehmen kann: „Die Fremde habe ich zu verherrlichen gesucht, aber kein Königreich, keine Provinz, keine Stadt, mehr als meine Heimat das Moselland ...". Trithemius starb 1516 in Würzburg, wo er sich als Abt neben literatur- und heimatgeschichtlichen Studien auch der Alchimie gewidmet hatte. Zu den Hauptwerken, die der Gelehrte hinterließ, gehört ein Nachschlagwerk über „die kirchlichen Schriftsteller" und der Katalog der berühmten Deutschen – die ersten Biografien überhaupt in der Geschichte der Literatur.

Trittenheims gelehrter Sohn

Rokokokirche St. Michael in Piesport: Die Deckenmalereien aus dem Jahr 1778 werden gerne auch „Piesporter Himmel" genannt.

Verbunden in der Farbgebung: Eingangspfeiler und Turmportal von St. Michael in Piesport sowie das gegenüberliegende Haus bilden ein harmonisches Ensemble.

Etwa eine halbe Stunde Fußweg trennt Trarbachs Ortsmitte von der Ruine Grevenburg. Der Lohn für den steilen Aufstieg sind die Aussicht und der Besuch der Burggaststätte.

Die Pfarrkirche St. Laurentius in Bremm wurde 1895 erweitert und ganz im Stil der Neugotik ausgestattet. Der Turm geht noch auf die Zeit um 1200 zurück, der Altar wird ins 17. Jh. datiert.

sich daraufhin das Trio für das von dem Vierbeiner so heftig verteidigte Fuder. Kurze Zeit später kamen die Händler mit weiterer Kaufabsicht wieder; ihr Zeller Wein hatte reißenden Absatz gefunden. Bald darauf benannten die Zeller ihre Weine aus den Lagen „Kapertchen" und „Petersborn" werbewirksam nach der „Schwarzen Katz'".

Visionär mit Fahrrad

Mit winkend erhobener rechter Hand grüßt der Mann lächelnd all jene, die an dem kleinen Wasserbecken vorübergehen. Seine linke hält den Fahrradlenker. Der Mann trägt Anzug und Krawatte. Seine schlanke Figur samt Gefährt stehen auf einem filigranen Sockel, basaltgrau wie das gesamte Skulpturenensem-

Nach Bordeaux galt Traben-Trarbach einst als der zweitgrößte Weinhandelsplatz Europas.

ble. Es scheint fast zu schweben vor der schneeweißen Mauer, aus der es ragt. Der Ernst-Wilhelm-Spies-Brunnen in Traben erinnert (wie die Allee gleichen Namens) an den ersten Tourismus-Visionär der Stadt. Doktor Spies (1898–1975) ließ anhand von Originalplänen aus Pariser Archiven in den 1930er-Jahren auf dem Mont Royal erste Ausgrabungen durchführen, um die Stätte dem Fremdenverkehr zu erschließen. Später gründete er im ehemaligen Haus Böcking, dem Sitz einer reichen Patrizierfamilie, zu deren Gästen unter anderem Geheimrat Goethe zählte, das Mittelmoselmuseum.

Wein vor Heilwasser

Nachdem man beim Erzabbau im Grüntal auf eine Thermalquelle gestoßen war, hatten die Trabener schon Ende des 19. Jahrhunderts ein erstes Badehaus gebaut und um 1900 auch ein erstes Kurhaus im heutigen Ortsteil Bad Wildenstein.

Es muss nicht immer ein Wein sein: Kaffeepause zwischen den Rebbergen bei Longuich.

Viele alte Weinbergterrassen wurden abgeräumt zugunsten moderner Rebanlagen wie hier in Ürzig. Mit den Terrassen verschwanden viele der in ihnen beheimateten Tiere und Pflanzen.

In der Weinlage „Ürziger Würzgarten" prangt die wohl älteste Sonnenuhr der Mosel.

Heute sind solche Sonnenuhren zum Anzeigen der Zeit in Ürzig und anderswo freilich längst überflüssig geworden – der moderne Winzer trägt eine Armbanduhr.

Aber man musste nicht um Badegäste oder andere Urlauber buhlen. Der Weinhandel hatte die Stadtsäckel der protestantischen Enklave im katholischen Moselland prall gefüllt. Nach Bordeaux galt Traben-Trarbach damals als zweitgrößter Weinhandelsplatz in Europa. Sogar Kunden in Amerika standen auf den Exportlisten. „Es lagern in den Kellereien über 15 000 Fuder. 1899 wurden mit Bahn und Schiff 18 000 Fuder versandt.", heißt es in einem Reiseführer von 1902.

Attraktiv für Banker

Dieser Reichtum durch den Umschlag von Wein, gepaart mit dem Handel mit Rosinen, zog nicht nur bereits 1907 die preußische Landeszentralbank nach Traben-Trarbach, sondern manifestierte sich auch in reger Bautätigkeit. Die Serie begann mit dem Trabener Rathaus. Bald darauf folgten das Kaiserliche Postamt, das „Winzereck" mit Hotel und Loretta-Haus, der neue Bahnhof, das „Kur- und Logierhaus Wildenstein". Auch eine Reihe vornehmer Villen wie jene der Familie Breucker und die Weinkellerei Julius Kayser bereicherten das Stadtbild. Verantwortlich für viele dieser Jahrhundertwende-Bauten zeichnete ein gewisser Bruno Möhring, Planer u.a. des Berliner Hochbahnhofs. Der preußische Architekt hatte bei der Ausschreibung um den Entwurf für eine Brücke zwischen Traben und Trarbach den Zuschlag erhalten für seine vierteilige Stahlbogenkonstruktion. Das Ergebnis begeisterte und zog weitere lokale Aufträge nach sich. Etwa die Villa Huesgen, für die Möhring schon 1904 einen Garten-Pool und ein Privattheater konzipierte. Oder den Neubau des abgebrannten Hotel „Clauss-Feist" (heute „Bellevue") am Trabener Moselufer. Wie bei den Villen entwarf Möhring hier nicht nur das Äußere, sondern auch die Innengestaltung. Einige Zimmer stattete überdies der Darmstädter Jugendstilkünstler Joseph Maria Olbrich aus.

Philosoph von der Mosel

„Wir nehmen an, kein Stern sei unbewohnt." Eine kühne These – zumal im frühen 15. Jahrhundert. Formuliert und niedergeschrieben hat sie Nikolaus Gryfftz aus Kues, später bekannt als Nicolaus Cusanus. Einer wohlhabenden Kaufmannsfamilie entstammend, studierte der aus heutiger Sicht wohl berühmteste Philosoph seiner Zeit in Heidelberg, Padua und Köln, promovierte zum Doktor kanonischen Rechts und machte als Akteur auf der kirchenpolitischen Bühne Furore: als Konzilstheoretiker, als Kardinal, als Fürstbischof und päpstlicher Legat. Mit diplomatischem Geschick stritt er für die Einheit und Erneuerung der Kirche, beschäftigte sich in diesem Zusammenhang auch eingehend mit den Weltreligionen, vor allem mit dem Islam, dessen Legitimität er propagierte. Zudem befasste sich Cusanus intensiv mit mathematisch-naturwissenschaftlichen Problemen. So lehrte er z.B. als Erster die Unendlichkeit des Kosmos – und leitete damit über zur mathematischen Wissenschaft der Neuzeit. Die Erde, so behauptete der Moselaner Theologe kühn, könne nicht der Mittelpunkt des Weltalls sein, denn ein unendlicher Raum besitze keinen Mittelpunkt. Erst hundert Jahre später sollte die für die damalige Welt unerhörte Ansicht des Nikolaus von Kues bestätigt werden – durch Kopernikus. Die „Jagd nach der Weis-

Die Ürziger Sonnenuhr gilt als die älteste an der Mosel.

Kurze Pause in den Gassen von Bernkastel-Kues. Die Stadt setzt sich aus fünf Ortsteilen zusammen, deren bekanntester Wehlen sein dürfte. Denn die „Wehlener Sonnenuhr“ gehört zu den ganz großen Weißwein-Lagen an der Mosel.

Seit 1606 ziert der Michaelsbrunnen den attraktiven Marktplatz von Bernkastel.

Erinnerung an unsichere Zeiten: Der Turm der St. Michaelskirche diente einst auch als Wehrturm an der Stadtmauer, die den Ortsteil Bernkastel schützend umgab.

„Wir nehmen an, kein Stern sei unbewohnt", bekannte Nikolaus Cusanus aus Kues bereits im 15. Jahrhundert.

heit" war stets Cusanus' Antriebsfeder; zeitlebens dachte der Universalgelehrte aus Kues über Themen wie die Stellung des Menschen in der Welt, die Bedeutung der Vielfalt der Weltdinge oder die menschliche Erkenntnisfähigkeit nach.

Eine wehrhafte Gräfin

„Das Grauen der Geschichte deckt manchen Edelstein. Enthüllt strahlt er im Lichte von neuem hell und rein". Weithin leuchtet die Inschrift an der Fassade des Trabener Loretta-Hauses. Hermann Falkenhagen, im späten 19. Jahrhundert Bürgermeister der Moselgemeinde, stellte diese Zeilen einst als Widmung seiner Erzählung „Loretta" voran. Wer aber war diese Frau? Loretta von Sponheim-Starkenburg, eine geborene zu Salm, lebte nach dem Tod ihres Mannes Johann mit ihren Kindern auf der Starkenburg. Der Legende nach hatte der Trierer Erzbischof Balduin ein Auge auf die junge Witwe geworfen. Tatsächlich begegneten sich die beiden – doch nicht als Liebende, sondern als Widersacher. Laut Chronik geschah es 1327. Der expansionssüchtige Kirchenmann trachtete bereits seit längerem danach, das Kurfürstentum Trier kräftig auszuweiten. Die Hintere Grafschaft Sponheim stellte sich diesen Plänen freilich buchstäblich in den Weg. Nach dem Ableben des Grafen indes schien Balduin die Gelegenheit günstig. Tatsächlich willigte Gräfin Loretta zunächst ein, die Fehde auszusetzen. Doch Balduin trieben seine Pläne weiter um. Er wollte freie Fahrt auf der Mosel. Drei Jahre nach dem Waffenstillstand versuchte er mit seiner Barke einfach vorbeizugleiten an der Starkenburg. Doch solch einen Rechtsbruch konnte die Burgherrin nicht dulden. Eine quer über den Fluss gespannte Eisenkette stoppte Balduins Boot abrupt und der Erzbischof wurde gefangen genommen. Erst wenn er die Sponheimer Rechte anerkenne und eine gebührende Entschädigung zahle, lasse sie ihn wieder frei, beschied Loretta. Nach geraumer Zeit gab der Erzbischof nach.

Die Rache des Bischofs

Doch Balduin wusste sich zu rächen: Es dauerte nicht lange, und der Papst verhängte über Gräfin Sponheimer den Kirchenbann. Erst durch ihre Reise zu dem obersten Hirten nach Avignon wurde diese Ächtung wieder aufgehoben. Mit der erzbischöflichen Wiedergutmachungssumme festigten Lorettas Söhne sogar noch die Familienmacht: Über dem Ausgang des Grüntals mit der kleinen Siedlung Trarbach finanzierten sie damit den Bau einer neuen Wacht, der Grevenburg.

Römer, Wein und Ritter – dies ist der touristische Dreiklang an der Mosel: Jährlich wird in Piesport das römische Kelterfest gefeiert (rechts und rechte Seite unten). Vor der Peterskirche in Neumagen-Dhron steht eine Replik des Weinschiffs von 220 n. Chr. (unten). Es zeigt, dass schon die alten Römer Moselwein schätzten. Um die Burgruine Landshut (rechte Seite oben), die bislang nur ins Mittelalter entführte, fand man 2012 Überreste eines Römerkastells, die vollständig ausgegraben wurden und seit 2017 über einen Rundweg erkundbar sind.

Weinschiff ahoi!

In Stein gemeißelt kündet es seit langem vom antiken Alltag an der Mosel mit Handel und Wein – im Landesmuseum Trier wie an der einstigen Fundstelle in Neumagen (als Reproduktion). Seit einigen Jahren indes ist das berühmte Neumagener Weinschiff nicht mehr länger nur ein Relief, das einst das Grabmal einer römischen Händlerfamilie zierte, welches, wie andere seiner Art, in den Grundfesten des Sommersitzes von Kaiser Konstantin verbaut wurde.

Die Stein-Miniatur ist zum Leben erwacht – als hölzernes Ruderboot in Originaldimensionen. 2007 lief es vom Stapel, fünfzehn Monate dauerte der Bau. 400 000 Euro aus Spenden- und Förder-Töpfen und viele ohne Bezahlung

In Neumagen schwimmt seit 2007 das größte jemals im deutschen Sprachraum nachgebaute Römerschiff.

geleistete Arbeitsstunden von Auszubildenden der Handwerkskammer Trier ließen eine lange gehegte Idee Wirklichkeit werden. 18 Meter lang, 4,20 Meter breit und 40 Tonnen schwer ist dieses größte jemals im deutschen Sprachraum nachgebaute, schwimmfähige Römerschiff – obgleich es nicht, wie das steinerne Vorbild, vier Fässer transportiert, sondern nur eines. Und dieses Fass birgt auch keinen Wein, sondern zwei Dieselmotoren. Auf Wunsch und bei guter körperlicher Verfassung können sich Passagiere der Galeere auch in die Riemen legen wie einst die römischen Sklaven. Allerdings, so Christian Herres vom Römerschiff-Infopavillon, sei es kompliziert, ein Boot mit mehr als vierzig Rudern fortzubewegen. Daher fährt die „Stella Noviomagi“ meist nicht mit Muskelkraft, sondern mit rund 50 Pferdestärken.

Die schönsten Aussichtspunkte

Weitblick garantiert

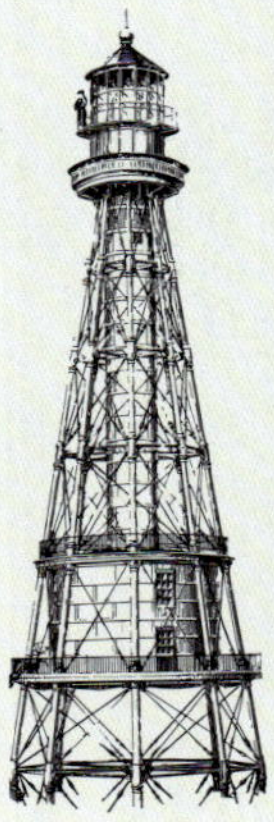

Ob von jener Erhebung, die schon der preußische Kronprinz erklomm oder vom Gipfel des steilsten Weinbergs in Europa, vom Sockel der Trierer Marien-Säule oder von der schon bei den Römern beliebten Zummethöhe – stets bietet sich von diesen Stellen ein traumhafter Ausblick auf die Landschaften der Mosel.

1 Calmont

Diesen Ausblick kennen Tausende – ohne je selbst vor Ort gewesen zu sein. Denn das Panorama der Moselschleife bei Bremm, gesehen vom steilsten Weinberg Europas aus, geht seit Jahren als Foto um die Welt. In natura ist das Erlebnis freilich noch um vieles spektakulärer. Schon vom sogenannten Calmont-Blick auf halber Höhe, vor allem aber vom Gipfelkreuz aus. Wer bei ihm am Wochenende schon um 10 Uhr morgens angelangt ist, wird sogar mit Frühstück belohnt: Rosi Berg sorgt dort von Ostersamstag bis Mitte Oktober jeweils für einen gedeckten Kaffeetisch (n. Vereinb., www.calmontfruehstueck.de.

Von der Laurentius-Kirche in Bremm führt der Wanderweg Nr. 7 hinauf zum Gipfelkreuz des Calmont. Autofahrer folgen der L106 Richtung Beuren ca. 4,5 km. Auf der Höhe dann rechts in den Wirtschaftsweg „Römische Tempelanlage" (braunes Schild) einbiegen und bis zu einer Schranke fahren. Von hier sind es noch ca. 50 Meter zu Fuß.

2 Prinzenkopf

Schon im 19. Jh. war der Prinzenkopf zwischen Pünderich, Alf und Bullay ein beliebter Aussichtspunkt. Damals hieß die knapp 240 m hohe Erhebung allerdings noch Pferdskopf und war „kahl". So konnte Friedrich Wilhelm IV, der spätere König von Preußen, dort den freien Blick auf den Fluss genießen. Häufig kehrte der Kronprinz wieder und bald wurde der Uferberg nicht nur nach ihm benannt, sondern bepflanzt und mit einem Pavillon bebaut. Bereits 1888 reckte sich dann der erste hölzerne Aussichtsturm auf der Kuppe; der wenig später an seiner Stelle errichtete Steinturm wurde 1945 zerstört. Sein hölzerner Nachfolger wich 2009 einem Stahlkonstrukt, von dem sich nun ein wunderbares Panorama bietet: über das Moseltal von Reil bis zum Bremmer Calmont, die fast 14 km lange Moselschleife „Zeller Hamm" sowie die Hunsrückhöhen und im Westen bis zum Kondelwald.

Der Fernwanderweg Moselsteig verläuft von Reil kommend über den Prinzenkopf nach Barl und weiter nach Zell. Auch der Kulturwanderweg Kanonenbahn von Bullay nach Reil führt über den Prinzenkopf.

3 Turm Luxemburg

Offiziell heißt er „Turm der Träume und Sehnsüchte", aber die Trierer nennen die begehbare rostrote Stahl-Skulptur schlicht nach jener Stadt, die sie ihnen anlässlich der Landesgartenschau im Jahr 2004 zum Geschenk gemacht hatte. Entworfen von dem bekannten Remicher Architekten Francois Valentiny, ermöglicht der dreigeschossige, 20 Meter hohe und 25 m breite Turm von der obersten Plattform nicht nur den Blick in Richtung Luxemburg Stadt, sondern auch über den Petrisberg und das Olewiger Tal.

Naherholungsgebiet Petrispark, Trier, www.petrispark.de, Buslinien 4 und 14 (ab Hbf)

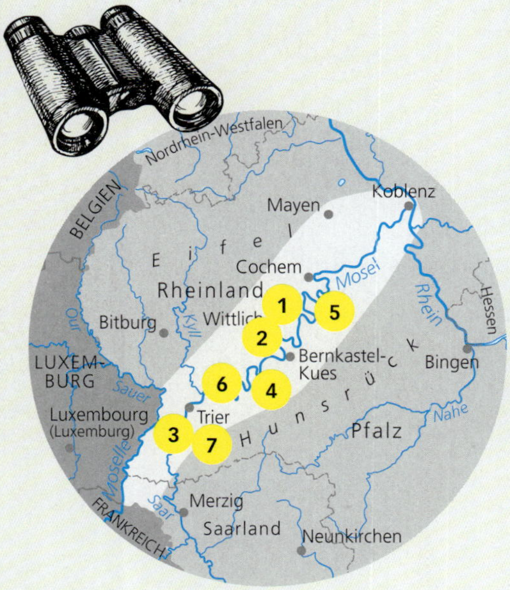

4 Zummethöhe

Kaiser Augustus soll, so die Sage, auf dem Zummet seiner Gemahlin Livia eine prunkvolle Villa als Sommerresidenz errichtet haben. Durchaus verständlich bei dem Blick, der sich von der Höhe des heutigen Leiwener Ortsteils Zummet bietet – wo tatsächlich römische Bodenfunde dokumentiert sind. Das Panorama umfasst die Moselschleife tief unten bis nach Trittenheim. In einem Online-Wettbewerb des Deutschen Weininstituts um die „schönste Weinsicht" in allen dreizehn deutschen Weinbaugebieten kürten die Teilnehmer 2016 für das Gebiet Mosel den Blick von Zummet zum Sieger. Von der Zummethöhe besteht die Möglichkeit, über die Mosel-Erlebnis-Route weiterzuwandern Richtung Neumagen-Dhron – ebenfalls mit traumhaften Blicken über das Moseltal.

Aus dem Ort Leiwen geht man über die Klostergartenstraße, an deren Ende links Richtung Panoramabad. Nach ca. 0,5 km beginnt links der Wanderweg Le 4 durch die Weinberge zur Zummethöhe.

5 Mont Royal

Sogar auf eine Sonderbriefmarke hat es der Blick vom Mont Royal auf die Kröver Schleife geschafft. Das Postwertzeichen zählt zur Motivserie „Deutschlands schönste Panoramen" und wurde 2016 in einer Stückzahl von 35 Millionen ediert. Der Mont Royal (deutsch: Königsberg) genannte Bergrücken der Mosel-Flussschleife bei Traben-Trarbach trägt auf 240 bis 300 m Höhe die gleichnamige Festungsruine, Ende des 17. Jh. erbaut nach Plänen von Sebastien Prestre de Vauban, dem Festungsbaumeister des französischen Sonnenkönigs Louis XIV.

Erreichbar über die Römerstraße hinter der Peterskirche, Traben-Trarbach.

6 Fünf-Seen-Blick

Ein stilisierter schwarzer Kirchturm auf weißem Grund lenkt ambitionierte Wanderer vom ruhigen Weinort Mehring hinauf zu jener Stelle gut 400 m über der Mosel, von der man – zumal dort noch ein ca. 25 m hoher Aussichtsturm steht – zwar nicht fünf Seen, aber fünf Teilstücke des in der Region stark mäandernden Flusslaufs erspäht. Vorgeschobene Bergkuppen sorgen für diesen Effekt. Bei guter Sicht schweift der Blick bis zu den Bergen der Vulkaneifel.

Einstieg an der Sportanlage Mehring, alternativ Mehringer Höhe. Der Weg ist Teil der Moselsteig-Extratour „Mehringer Schweiz" (ca. 14 km).

7 Mariensäule

Eine knappe Stunde Fußmarsch führt von der Porta Nigra hoch auf das gegenüber liegende Moselufer. Hier, auf dem Markusberg, reckt sich seit 1866 die Mariensäule. Die Statue thront auf einem fast 40 m hohen neugotischen Pfeiler. Die Sandsteinquader für den Sockel und das Fundament stammen von einer römischen Mauer. Von der Mariensäule aus bietet sich der schönste Blick auf Trier.

Über die Nordallee oder den Pferdemarkt in Trier zur Kaiser-Wilhelm-Brücke und von dort links in den Reverchon-Weg bis zur Römerstraße. Dieser ein Stück aufwärts folgen bis zum Abzweig Auf der Jüngt, diesem Waldsträßchen rund 800 m folgen.

COCHEM
Klotten
Valwig
Ernst
Bruttig
Fankel
Beilstein
Ellenz-Poltersdorf
Briedern
Mesenich
Senheim
Ediger-Eller
Bremm
Neef
Nehren
Sankt Aldegund
Alf
Bullay
Zell (Mosel)
Merl
Kaimt
Pünderich
Briedel
Reil
Enkirch
Kröv
Traben-Trarbach
Starkenburg
Ürzig
Kinheim
Lösnich
Erden
Rachtig
Zeltingen-
Wehlen
Graach
Bernkastel-Kues
Lieser
Maring-Noviand
Mülheim a. d. Mosel
Brauneberg
Veldenz
Monzelfeld
Longkamp
Kommen
Piesport
Minheim
Wintrich
Dhron
Neumagen-
Trittenheim
Leiwen
Köwerich
Thörnich
Klüsserath
Detzem
Ensch
Schleich
Mehring
Pölich
Longuich
SCHWEICH
Riol
Fell
Föhren
Hetzerath
WITTLICH
Bausendorf
Kinderbeuern
Bengel
Kondelwald
Bad Bertrich
Lutzerath
Ulmen
Strotzbüsch
Gillenfeld
Manderscheid
Laufeld
Salmtal
Dreis
Bruch
Klausen
Osann-Monzel
Burgen
Gornhausen
Morbach
Thalfang
Horath
Heidenburg
Büdlich
Naurath
Berglicht
Gielert
Hunsrückhöhenstraße
Moselweinstraße
Deutsche Vulkanstraße
Hunsrück-Schiefer-und Burgenstraße
Deutsche Edelsteinstraße
Mosel
Flughafen Hahn
Irmenach
Lötzbeuren
Büchenbeuren
Kleinich
Hochscheid
Stipshausen
Hellertshausen
Allenbach
Kirschweiler
Idar-Oberstein
Malborn
Hermeskeil
Rascheid
Pölert
Osburg
Waldrach
Maßstab 1:200.000
0 2 4km

Steile Ufer und große Gelehrte

Weinorte wie aus dem Bilderbuch, mit Fachwerk-, Barock und Jugendstilarchitektur, mit mittelalterlichen Türmen und römischen Relikten, umrahmt von einer Landschaft, in der sanfte Hügel mit steilen Höhen wechseln – die Mittelmosel bezaubert mit vielfältiger Üppigkeit.

1 Beilstein

Überragt von der Burgruine Metternich mit ihrem ungewöhnlichen fünfeckigen Bergfried, liegt das „Dornröschen der Mosel" (ca. 140 Einw.) in einem engen Kessel zwischen Flussufer und steilen Rebhängen.

SEHENSWERT
Die spitzgiebeligen Fachwerkhäuser des mittelalterlichen Weinörtchens drängen sich dicht aneinander. Besonders schöne Architekturbeispiele finden sich rund um den **Marktplatz**, z.B. das Rathaus, das Zehnthaus sowie das Amtshaus mit seinem Barockportal und die Kirche **St. Christophorus**. Auch die alte jüdische **Schule** und die **Synagoge** sind erhalten (letztere birgt nun eine Galerie). Aus dem Gassenensemble führen Treppen hinauf zur **Karmeliterkirche** (17./18.Jh.) mit der „Schwarzen Muttergottes".

ÜBERNACHTEN
€€/€€€€ Senhalser Höfe, Moselweinstr. 18, Senhals, Tel. 02673/96 21 11, www.senhalser-hoefe.de. Acht urig-edel designte Häuser und Apartments (2–8 Pers.) auf einem Gartengelände direkt an der Mosel.

Das mittelalterliche Weinörtchen Beilstein.
In der Laurentiuskirche in Bremm.

INFORMATION
Heimat & Verkehrsverein
Bachstr. 47, 56814 Beilstein
Tel. 02673/90 01 91, www.beilstein-mosel.de

2 Bremm

Eng an den Bogen einer Moselschleife schmiegt sich das Weinörtchen (ca. 840 Einw.), dessen Ruhm vor allem von seinem Calmont herrührt: dem steilsten Rebhang Europas.

SEHENSWERT
Mit Traubenzopf, Bogenfenster und griechischem Doppelkreuz sind die Attraktionen Bremms schon im Ortswappen vereint. Neben dem **Calmont** TOPZIEL, auf den ein Klettersteig führt, gehört zur Gemarkung auch die Klosterruine Stuben. Gegründet wurde Stuben im 12. Jh. als Augustinerinnenstift, der spätgotische Neubau stammte von 1685. Vom Calmont aus überblickt man die **Moselschleife** TOPZIEL. Die **Laurentius-Kirche** mit spätgotischem Kern birgt u.a. ein interessantes Sterngewölbe. Eine Augenweide ist auch das barocke **Storchenhaus**.

UMGEBUNG
Kaum ein anderer Moselort besitzt eine so geschlossene historische Bausubstanz wie **Ediger** (4 km westl.). Inmitten von Reben liegt die Kreuzkapelle mit dem Relief „Christus in der Kelter" (15. Jh.). In der St. Arnulfus-Kapelle von **Eller** hängt das Wandbild „Verspottung Christi" nach einer Zeichnung von Martin Schongauer. Die Anmut des Ortes **Alf** (6 km südl.) mit der **Burg Arras** (mit Restaurant und tgl. geöffn. Museum) beeindruckte schon den Maler William Turner und den Dichter Viktor Hugo.

RESTAURANT
€€ Gutshof Zenz, Ediger-Eller, Hochstr. 29, Tel. 02675/3 84, www.gutshof-zenz.de. Hier wird herzhaft Moselländisches in urigem Weingutambiente geboten (14 Tage vor Ostern–Nov. Do.–Di.). **€€ Weinhaus Berg**, Moselstr.39, Tel. 02675/3 01, www.weinhausberg.de. 22 Zi., teilweise mit Balkon. Restaurant mit frischer, regionaler Kost. Sonnenterrasse und Fahrradvermietung.

Tipp

Ürziger Gewürzgarten

Mehr als 10 000 Stauden von 160 Pflanzensorten blühen und duften in einem ehemaligen Weinberg von Ürzig. Die Palette reicht von mediterranen Kräutern über Zwiebel- und Heilpflanzen bis hin zu historischen Rosen. Der Garten kann individuell oder mit einer Führung besucht werden.

WEITERE INFORMATIONEN
Verkehrsbüro Ürzig, Rathausplatz 1
54539 Ürzig, Tel. 06532/26 20,
www.uerziger-gewuerzgarten.de

INFORMATION
Tourist-Information im Calmont-Forum
Calmontstraße 48, 56814 Bremm
Tel. 0175/3 24 91 14, www.bremm-mosel.de

3 Zell

An der engsten Moselschleife gelegen und umstanden von mehr als vier Millionen Reben, gründet sich der Ruhm einer der größten Weinbau-Gemeinden (ca. 4100 Einw.) Deutschlands vor allem auf ihre Weinlage „Schwarze Katz'".

SEHENSWERT
Die mittelalterliche Substanz wurde bei zwei Bränden im 19. Jh. fast vollständig vernichtet. Verschont blieben u.a. das gotische **Haus Caspary** (Balduinstr.) sowie als Zeugen der einstigen Stadtmauer der viereckige **Balduinsturm** im Bachtal und das Wahrzeichen Zells, der **Runde Turm** (Pulverturm) in den Weinbergen. Das **Kurfürstliche Schloss** gilt als einer der schönsten Rokoko-Profanbauten an der Mosel. Der **Schwarze-Katze-Brunnen** schräg gegenüber vom Rathaus stammt aus dem Jahr 1935. Die moderne **Jacobus-Kirche** in Zell-Kaimt am anderen Flussufer birgt u.a. eine romanische Inschriftentafel aus Kalksandstein mit der ältesten Darstellung eines Moselwinzers.
Das **Wein- und Heimatmuseum** im Rathaus (Balduinstr. 44, Mi., Fr., Sa. 14.00–17.00 Uhr) birgt Exponate aus keltischer und römischer Zeit, zur Geschichte des Wein- und Tabakanbaus und zum jüdischen Leben im Ort.

UMGEBUNG
Mit reichem Fachwerk und seiner Lage direkt am Fluss bezaubert der Weinort **Pünderich** (vom lat. pontariacum, Fähre, Brücke; 8 km westl.). Besonders schön sind das Fährhaus sowie das gotische Rat- und Gerichtshaus.

INFORMATION
Zeller Land Tourismus GmbH,
Balduinstr. 44, 56856 Zell
Tel. 06542/9 62 20, www.zell-mosel.com

4 Traben-Trarbach

Überragt von der Ruine Grevenburg und der einstigen Festung Mont Royal, wahrte die historische Weinhandelsstadt (ca. 5900 Einw.) bis heute ihren **Jugendstilcharme** TOPZIEL.

SEHENSWERT
Unweit des Brückenkopfs in Traben steht das mächtige **Kaiserliche Postamt**, das mit den Gebäuden Winzereck und Lorettahaus ein historistisches Ensemble bildet. In diesem Stil ist auch das ehemalige **Rathaus** errichtet. Am Moselufer reihen sich hinter dem barocken **Kommandantenhaus** der Aachener Hof, das **Jugendstilhotel Bellevue**, die Villa Nollen/Breucker und die Villa Huesgen, ebenfalls aus dem frühen 20. Jh. Über die Römerstraße hinter der Peterskirche gelangt man zu den Ausgrabungen der Vauban-**Festung Mont Royal**.

Das Weinkulturelle Zentrum in Bernkastel gibt einen guten Überblick über die Moselweine. Klar zum Anlegen in Bernkastel.

In Trarbach ragt am Flussufer das Wahrzeichen der Stadt auf: Bruno Möhrings **Brückentor**. Die Steinmetzarbeiten zeigen u.a. einen jungen und einen alten Frauenkopf, der eine in Richtung Trier gewandt, der andere in Richtung Koblenz. Sie symbolisieren die zur Zeit des Brückenbaus verbreitete Auffassung von guten und schlechten Weingegenden an der Mosel. In Richtung Bernkastel erheben sich parallel zum Flussufer das ehemalige **Amtmannshaus** (17. Jh.), das barocke **Kayserhaus** sowie das Casino mit dem wohl schönsten Barocksaal der Stadt. Taleinwärts ist an der Mittelstraße noch der **Alte Stadtturm** (mit Glockenspiel und Aussichtsplattform) sowie an der Grabenstraße der **Wehrturm** als Teil der ehemaligen Stadtbefestigung zu erkennen. Am Weihertorplatz steht die 1688 erbaute **Mont Royal-Mühle**. Von der **Grevenburg**, der einst mächtigen Passfeste der Grafen von Sponheim, verblieb nur die Fassade des Kommandantenhauses – und ein herrlicher Ausblick.

MUSEEN
Im barocken Haus Böcking informiert das **Mittelmoselmuseum** über Wohn- und Weinkultur, den Mont Royal und die Grevenburg (Casinostr. 2, Ostern–Nov. Di.–So. 10.00–17.00 Uhr). Die ehemalige Kellerei Kayser birgt das **Buddha-Museum** mit über 1800 Figuren aus allen Ländern Asiens (Bruno-Möhring-Platz 1, Di.–So. 10.00–18.00 Uhr, www.buddhamuseum.de).

AKTIV
Die Tourist-Info (s.u.) bietet einen **Ausflug** in die „Unterwelt" der Weingüter der Stadt.

ÜBERNACHTEN
€€ **Hotel Jungenwald**, Wildbachstr. 227, Tel. 06541/81 84 91, www.hotel-jungenwald.de. Etwas außerhalb gelegen. Ruhige familiäre Atmosphäre, Bio-Frühstück und liebevolle Details.

RESTAURANT
Gutbürgerliche Küche und freundlichen Service bietet die €€/€€€ **Alte Zunftscheune** (Neue Rathausstr. 15, Tel. 6541/97 37, www.zunftscheune.de), im historischen Winzerkeller.

UMGEBUNG
Ürzig (13 km westl.) birgt mit dem Mönchhof eines der ältesten Weingüter der Mosel und an seinen Hängen die vermutlich älteste Sonnenuhr Europas.

INFORMATION
Tourist-Information, Am Bahnhof 5
56841 Traben-Trarbach, Tel. 06541/8 39 80
www.traben-trarbach.de

5 Bernkastel-Kues

Fachwerkromantik vor steilen Rebhängen, schlossartige Weinhöfe und mit Nicolaus Cusanus ein berühmter Gelehrter prägen den beliebten Doppelort (ca. 6500 Einw.).

SEHENSWERT
Mittelpunkt der Bernkasteler Altstadtgassen ist der **Marktplatz** mit dem Renaissance-Rathaus und dem Michaelsbrunnen. 1416 errichtet wurde das Spitzhäuschen mit drei Obergeschossen. Der wuchtige Turm der prächtig ausgeschmückten **St. Michaels-Kirche** gehörte ursprünglich zur Stadtbefestigung. In Kues am anderen Moselufer stiftete Nikolaus von Kues 1456 das **St. Nikolaus-Hospital** mit Kapelle, Kreuzgang und Konventssaal. Es beherbergt seine Privatbibliothek, eine der kostbarsten Handschriftensammlungen der Welt (Cusanusstr.2, Führungen: April–Okt. Di. 10.30 und Fr. 15.00 Uhr, www.cusanus.de). In weiteren Stiftsgebäuden ist das **Weinkulturelle Zentrum** TOPZIEL untergebracht mit Vinothek u. Museum (April bis Okt. tgl. 10.00–18.00, Nov. bis März 14.00–17.00 Uhr, www.moselweinmuseum.de). Vom Bergfried der **Ruine Landshut** (bewirtschaftet, www.burglandshut.de) aus hat man einen schönen Blick, ein Rundweg erschließt die Ausgrabungsfunde des 2012 entdeckten Römerkastells.

MUSEEN
Das **Cusanus-Geburtshaus** birgt eine Ausstellung zu Leben und Werk des Gelehrten (Kues, Nikolausufer 49, April–Okt. Di.–Sa. 11.00 bis 17.00, sonst 13.00–17.00, So., Fei. 11.00 bis 14.00 Uhr; www.nikolaus-von-kues.de). Im Graacher Tor, dem letzten von acht Stadttoren, befindet sich das **Heimatmuseum** (Ostern bis Okt. Fr.–So. 15.00–17.00, Aug.–Okt. Museumsnacht Do. 19.00–21.00 Uhr). Im 2017 eröffneten **Zylinderhaus** kommen Oldtimer-Fans auf ihre Kosten; mehr als 100 Oldtimer aus 90 Jahren deutscher Automobilgeschichte werden hier ausgestellt (Adolf-Kolping-Str.2, Tel. 06531/9 73 77 76, www.zylinderhaus.com).

ÜBERNACHTEN
€€€ **Hotel Weißer Bär**, Moselstr. 7, Mülheim Tel. 06534/9 47 70, www.hotel-weisser-baer.de.

Ruhige, luxuriöse Zimmer am Moselufer, großzügiger Wellnessbereich, exquisite Küche.

INFORMATION
Tourist-Information/Mosel Gästezentrum
Gestade 6, 54470 Bernkastel-Kues
Tel. 06531/50 01 90, www.bernkastel.de

6 Neumagen-Dhron

Noviomagus nannte Kaiser Konstantin seinen Sommersitz, der heute als ältester Weinort Deutschlands gilt (ca. 2200 Einw.) und Ankerplatz eines originalgetreu nachgebauten, fahrtüchtigen römischen Weinschiffs ist.

SEHENSWERT
Zwischen der Pfarrkirche St. Mariä Himmelfahrt und der Peterskapelle liegt der **römische Kern des Ortes**. Hier steht auch die Nachbildung der berühmten, das Grab eines römischen Weinhändlers zierenden **Weinschiff-Steinplastik** (Original im Landesmuseum Trier). Straßenaufwärts markieren Säulen- und Reliefrepliken den römischen **Kastellbereich** (Rundweg mit Infotafeln). Im Museum **Noviomagi** (Römerstr. 137, tgl. 9.00–12.30, Do.–Di. auch 14.00–16.30 Uhr) informieren u.a. Filme und Originalfunde über römisches Leben.

AKTIV
Führungen auf den Spuren der Römer bietet die Tourismus-Information an: Mai bis Okt. Sa. 10.15 Uhr. **Fahrten** mit dem nachgebauten **Römerschiff Stella Noviomagi** kann man über die Tourist-Information anfragen. Über eine Smartphone-App kann man neuerdings mit einer „Lauschtour“ selbst auf Entdeckungsreise gehen (4km, Infos und Start bei der Touist-Info).

RESTAURANT
€€€/€€€€ schanz. restaurant. Bahnhofstr. 8a, Piesport, Tel. 06507/9 25 20, www.schanz-restaurant.de. Für seine moderne französische Gourmetküche erhielt Thomas Schanz inzwischen den zweiten Michelinstern.

UMGEBUNG
In **Piesport** (5 km nördl.) ragt die „Mosello-reley“ auf, wie ein markantes Felsmassiv am Fluss genannt wird. Am Ortsrand Richtung Ferres stehen zwei römische Kelteranlagen. Die rekonstruierte Weinpresse wird jährlich Anfang Oktober beim **Römischen Kelterfest TOP-ZIEL** in Betrieb genommen. Am alten Brückenkopf von **Trittenheim** (4 km südl.) erinnert das Trithemius-Denkmal an den in diesem Ort geborenen Humanisten (s. Special S. 61). Am Rande von **Mehring** (18 km südwestl.) stehen die Reste einer römischen Villa. Weiter westlich lockt **Fell** mit einem Besucherbergwerk (Apr.–Okt. Di.–So. 10.00–18.00 Uhr; www.bergwerk-fell.de).

INFORMATION
Tourist-Information, Römerstraße 137
54347 Neumagen-Dhron
Tel. 06507/65 55, www.neumagen-dhron.de

Genießen Erleben Erfahren

DuMont Aktiv

Flussreise im Kanadier

Im Paddelrhythmus die Schönheiten der Mosel erkunden, grüne Inseln entdecken, neue Uferperspektiven und das sachte Gleiten auf den Wellen – ein Vergnügen für Groß und Klein, für Freundesgruppen und Familien, das keinerlei Vorkenntnisse in Sachen Bootsfahren bedarf.

„Wir treffen uns in Ediger-Eller, an der Bachstraße, da sehen Sie uns dann schon am Ufer“, erklärt Udo Marx am Telefon. Tatsächlich sind die farbenfrohen Kajaks schon von Weitem zu erkennen. Mit Filzhut und dickem Pullover empfängt der Gründer von Mosel-Kanu-Tours an diesem Herbstmorgen die Paddel-Anfänger. Im Hotel Oster gleich gegenüber zieht man sich um. Zehn Minuten später ist unser Grüppchen wasserdicht eingekleidet und mit Schwimmweste ausgerüstet. Etwas unsicher klettern wir ins Boot, einen Vierer-Kanadier. Jeder erhält ein Stechpaddel. Genau erklärt Udo Marx dessen Handhabung und was sonst noch zu beachten ist bei der Tour.

Knapp drei Stunden wollen wir unterwegs sein; Briedern heißt unser Ziel. Nach der gründlichen Einweisung paddeln wir los. Einstechen, durchziehen, einstechen, durchziehen – immer auf der gleichen Bootsseite. Die einen rechts, die anderen links. Bald klappt es und wir genießen das Gleiten, die Uferlandschaft, die Ruhe. Wer den ganzen Tag auf dem Wasser verbringen möchte, paddelt weiter bis Ernst.

Weitere Informationen

- **Veranstalter:** Mosel-Kanu-Tours, Moselstr. 45, 56814 Ernst, Tel. 026 71/55 51, www.mosel-kanutours.de
- **Touren:** Mo.–Sa. April–Mitte Nov., auch für Anfänger und Kinder geeignet.
- **Stationen:** Ernst, Ediger-Eller und Pünderich
- **Kosten:** Tagestour (ca. 3–4,5 Std.) inkl. Boots- und Personen-Rücktransfer ab 24 € pro Pers., Kinder 3–14 Jahre ab 16 €. Fahrrad-Boot-Kombination 33 € pro Pers., Kinder 20 €.

Auch Anfänger beherrschen bald das gleichmäßige Paddeln im Kanadier. So kann man die vorbeiziehende Landschaft an der Mosel voll genießen.

Genussvolle Antiken-Metropole

Trier lebt von und mit seinem römischen Erbe. Es lassen sich aber auch interessante Bauwerke anderer Epochen und charmante Winkel zum Bummeln, Einkehren, Erholen in der Heimat von Kaiser Konstantin und Karl Marx entdecken. Zudem liegt Deutschlands älteste Stadt, wie schon Goethe meinte, in einer „angenehmen Umgebung". Auch ihr Nachbar Frankreich prägte sie deutlich.

Die Porta Nigra, Wahrzeichen von Trier und einst Teil der römischen Stadtmauer, wurde um 180 n. Chr. gebaut.

Eine der Hauptachsen und wichtigste Shoppingmeile von Trier: die Fußgängerzone Simeonstraße, die auf St. Gangolf zuführt (Turm rechts). Links überragt der Dom die Häuser der Altstadt.

Nur an wenigen Stellen in Trier zeigt sich Fachwerk wie hier in der Glockenstraße: Die römische Tradition des Steinbaus wurde immer beibehalten (oben). Wie gewaltig die Römerbauten teils ausfielen, zeigt die sog. Konstantinbasilika (rechts): Sie ist 36 Meter hoch und wurde um 310 n. Chr. als Thronsaal für Konstantin erbaut. Heute dient sie als evangelische Kirche.

Prächtige Holztüren, Stuckschnörkel und Blütenpracht: Trier zeigt Geschmack.

Eines der bedeutendsten Gebäude am Hauptmarkt ist die „Steipe" mit ihren charakteristischen Stützbögen: 1483 erbaut, im Zweiten Weltkrieg zerstört, 1970 wieder aufgebaut.

Eine zerbrochene Steinsäule erzählt von der Geschichte des Trierer Doms. Er ist die älteste deutsche Bischofskirche und eine der größten Kirchenanlagen in Europa.

Om Duhmstaan sei mer romgerötscht/Et waor net emmer ginstig/De Box zeröss, de Kaap verlohr/De Kopp zerschonn, blutrinstig". In schönstem Dialekt huldigt in den Infomaterialien des Trierer Doms ein Unbekannter dem „Domstein". Dieses vor dem Portal des Gotteshauses liegende Säulenfragment verlockt bis heute Kinder zu Rutsch- und Kletterpartien. Was aber hat es mit diesem „Domstein" auf sich?

Kirchensäulen vom Teufel

Die Legende erzählt: Als im Auftrag von Kaiser Konstantin und seiner Mutter Helena der erste Dom zu Trier gebaut wurde, galt es, vier riesige Granitsäulen aus dem Odenwald herbeizuschaffen. Eine kaum zu lösende Aufgabe. Der Architekt beschloss daher, den Teufel mit ihr zu betrauen. Listig erzählte er dem Höllenfürsten, er baue das größte Wirtshaus der Welt. Der Teufel war sofort einverstanden zu helfen. Als er jedoch mit dem letzten der 12 Meter langen und gut 60 Tonnen schweren Stützpfeiler ankam, wurde das angebliche Wirtshaus gerade als Kirche geweiht. Wütend warf Luzifer die letzte Säule auf das Gebäude, verfehlte es jedoch knapp, sodass sie vor dem Portal in zwei Teile barst – einen großen und einen ganz kleinen.

Historische Tatsache jedoch ist, dass man anno 1614 bei Arbeiten für den Allerheiligenaltar unter dem Domfußboden zwei Bruchstücke einer großen Granitsäule entdeckte, sie ausgrub und vor das Gotteshaus legte. Ursprünglich stützte diese Säule als eine von vier den „Quadratbau". Er war von Kaiser Gratian um 380 n. Chr. an Stelle der früheren Nord-Ost-Basilika errichtet worden. In dieser 40 mal 40 Meter großen und wohl 45 Meter hohen Halle befand sich die Kammer zur Aufbewahrung einer Kreuzesreliquie. Alle vier Säulen waren übrigens auf dem Wasserweg vom Felsenmeer im Odenwald nach Trier transportiert worden – ganz ohne Teufel.

Auf dem Petrisberg

Parcours der Sinne, Windharfen, Finnenbahn, geologische Landkarte, Wasserspielplatz – der Petrispark, Triers ehemaliges Gartenschau-Gelände, lockt inzwischen als abwechslungsreiches Freizeitareal für Groß und Klein. Die Anlage zieht sich über einen Teil des knapp 300 Meter aufragenden Trierer Hausbergs, den schon Matthäus Merian Mitte des 17. Jh., allerdings noch unter dem Namen Mons Martins, auf einem seiner Stiche verewigte. Schon 30 v. Chr. errichteten die Römer hier ein Militärlager, also 14 Jahre vor der Gründung des

Gekonnt setzt das Rheinische Landesmuseum das römische Erbe von Trier in Szene (oben links/ rechts). Ebenso glanzvoll präsentiert sich das Kurfürstliche Palais (unten links/rechts). Zartrosa dominiert sowohl bei der herrlichen Rokoko-Treppe im Südflügel als auch an der Außenfassade des Palais selbst.

ihm zu Füßen liegenden Augusta Treverorum; im 16. Jh. wurden hier angeblich Hexentänze aufgeführt, Ritter Franz von Sickingen versuchte mit seinen Kanonen von der Höhe Trier zu beschießen.

An die wechselvolle Geschichte des Aussichtshügels erinnert die Jean-Paul-Sartre-Straße. Der französische Schriftsteller und Philosoph war von Juni 1940 bis März 1941 als Kriegsgefangener im sogenannten Stalag XII D auf dem Petrisberg interniert; er schrieb dort sogar ein Stück für die Weihnachtsaufführung („Bariona oder der Sohn des Donners") und verfasste auf der Basis seiner Lagererlebnisse „Matthieus Tagebuch", eine Vorarbeit zum dritten Band seines Romanzyklus „Wege zur Freiheit".

Auf dem Petrisberg entstand ab 1998 nach dem Abzug der letzten französischen Soldaten ein völlig neuer Stadtteil.

Ein Berg im Wandel

Nach dem Sieg der Alliierten werden das Barackenlager und die Kaserne des Petrisbergs von den französischen Besatzungstruppen genutzt und um das Hospital „André Genet" ergänzt, heute der Campus II der Universität Trier, mit den Fachbereichen Geographie, Informatik und Wirtschaftsinformatik. Nach 1945 beherbergt Trier die größte französische Garnison in Deutschland; erst 1998 ziehen ihre letzten Soldaten vom Petrisberg ab – und das große Planen für eine zivile Nutzung des gesamten einstigen Militärareals beginnt.

Die Landesgartenschau 2004 ist ein erster Schritt, in rascher Folge entsteht danach auf rund 700 000 Quadratmetern ein völlig neuer Stadtteil mit Wohnungen, Wissenschaftseinrichtungen und Freizeitanlagen. Neubauten halten sich

In Trier kann man einmal in die Rolle eines Gladiators schlüpfen.

Die Kaiserthermen gehörten zu den größten Badeanlagen des römischen Reichs. Noch heute beeindruckt die Anlage, obwohl sie im Mittelalter als Steinbruch herhalten musste.

Rund um die Porta Nigra, einst das Nordtor der römischen Stadtmauer, tummeln sich Schaulustige auf den Spuren der Römer. Mittendrin ziehen als Legionäre oder Gladiatoren verkleidete Mimen die Blicke auf sich.

Erlebnisführungen in Begleitung waschechter Römer oder der Besuch eines Römerfestes gefällig? In Trier kein Problem.

dabei die Waage mit umgewidmeten historischen Ensembles. So wurden etwa einstige Mannschaftsheime umgebaut, um mehr Platz für das Montessori-Kinderhaus zu schaffen. In die drei ehemaligen Kasernengebäude, die nun wie eine farbenfrohe Krone den Rand des Petrisbergs schmücken, zogen die Unternehmen des Wissenschaftsparks, und in der Panzerhalle entstanden großzügige Lofts, während auf zuvor unbebautem Terrain u.a. ein modernes Mehrgenerationenwohnhaus und kühne Bürokuben aus dem Boden wuchsen.

Hungrige Eroberer

Sie kamen, sahen und – waren hungrig. Bereits zu Zeiten von Kaiser Constantinus lebten Tausende von Römern in dem guten Dutzend Militärstationen am Moselufer. Zur Versorgung all der Söldner, aber auch der Kaufleute, Händler und Handwerker entstehen überall in der Provinz landwirtschaftliche Höfe. Bei ihren Eigentümern handelt es sich neben Mitgliedern der Armee selbst auch um einige private römische Veteranen, meist aber romanisierte Kelten und Germanen von Adel. Die Hofbesitzer statten ihre Häuser prächtig aus mit Mosaiken und luxuriösen Bädern, wie man heute u.a. in Perl-Nennig sehen kann, in Ottrang oder auch in Echternach. Das repräsentative Herrenhaus *(pars urbana)* dieser Güter ergänzt ein Ökonomiebereich von oft erstaunlichen Dimensionen: mit Speichern, Scheunen, Ställen, Schuppen, Gesindehäusern und anderem mehr. Auf den Gutshöfen werden die landwirtschaftlichen Erzeugnisse der Region verarbeitet oder zumindest gelagert. Ein nicht unbeträchtlicher Teil dient dabei gar nicht der lokalen Versorgung, sondern geht über die Mosel sowie ein gut ausgebautes Netz von Römerstraßen in den Export bis zum Limes, nach Metz oder gar ins Zentrum des römischen Reichs.

Zu einem römischen Landgut (*villa rustica*) zählen Getreidefelder oft ebenso wie Rebflächen sowie Weiden und Ställe für Rinder und Pferde sowie für Schafe, die die Wolle für Tuche liefern, wie sie die Igeler Säule zeigt. Auch Schweinezucht wird mitunter betrieben z.B. für die Herstellung des „gallischen“ Schinkens oder von Würsten, mit denen die Römer ihren legendären Getreidebrei (*puls*) ebenso anzureichern wussten wie mit geröstetem Speck, Kräutern, Gemüse und Geflügel. Auch für das römische Gericht minutal ex praecoquis ist Schweinefleisch die Basis – in Verbindung mit Aprikosen.

Römischer Speisezettel

Lud man bei Hofe oder in der Villa eines Großgrundbesitzers zu *cena*, so war dies nicht nur ein warmes, sondern ein üppiges Mahl, serviert in mehreren Gängen, darunter vielleicht *tisana farrica* (eine Suppe aus Kichererbsen, Linsen, Erbsen und Gerstengrütze, angereichert mit Lauch, Koriander, Dill, Fenchel, Rote Beete, Malve, weichem Kohl und Gartenkräutern), *lenticulam de castaneis* (Linsen mit Kastanien), *pullum numidicum* (gegrilltes Perlhuhn) und begleitet von *mulsum*, einem Trunk aus Weißwein

Zu Zeiten von Kaiser Constantin lebten Tausende von Römern in den Kastellen am Moselufer.

Ein Rundgang durch Triers Kirchen: Um das Jahr 315 n. Chr. wurde mit dem Bau des Doms begonnen. Damit ist er die älteste Kirche Deutschlands und ein kunstgeschichtliches Bauwerk von überragender Bedeutung (ganz oben links/rechts und unten rechts). Die zweitälteste Kirche der Stadt ist die Stadtkirche St. Gangolf am Hauptmarkt, im 10. Jh. begonnen und im 15. Jh. im gotischen Stil neu errichtet (oben: Blick in eines der Seitenschiffe).

Balthasar Neumann, der berühmteste Baumeister des Barock, schuf die grandiose Inneneinrichtung von St. Paulin. In der Krypta haben sich Reste des ursprünglichen Kirchenbaus (um 400 n. Chr.) aus der römischen Zeit erhalten.

Special

Heiliger Rock/Tunika Christi

Wallfahrtfest zur Christus-Reliquie

Er ist immer da, aber fast nie zu sehen: Der Heilige Rock, die bedeutendste Reliquie des Trierer Doms, wird nur zu ganz besonderen Anlässen öffentlich gezeigt. Im vorigen Jahrhundert geschah dies nur drei Mal. 1996 pilgerten 700 000 Gläubige aus aller Welt nach Trier.

2012, dem ersten Termin des 21. Jahrhunderts, reisten rund 550 000 Gläubige aus aller Welt nach Trier. Anlass dafür war ein historisches Datum: 1512 weilte Kaiser Maximilian I. zu einem Reichstag in Trier. Auf sein Drängen hin wurde das Heilige Gewebe aus dem Hochaltar des Domes entnommen. Als die Menschen davon hörten, erstritten sie sozusagen in einer „Bewegung von unten" die erste öffentliche Präsentation der Reliquie. Diese soll von Helena, der als Heilige verehrten Mutter Kaiser Konstantins, im 4. Jahrhundert nach Trier gebracht worden sein und Teile der Tunika Jesu Christi enthalten.

Gilt als Christi Gewand: der Heilige Rock

Triers Bischof Stephan Ackermann sagte über die Heilig-Rock-Wallfahrt 2012, sie habe eine wunderbare Resonanz bei den christlichen Kirchen und Konfessionen gefunden, sodass eine ökumenische Akzentsetzung möglich geworden sei – denn nicht nur Katholiken pilgerten zum Heiligen Rock. Ein Termin für die nächste Wallfahrt ist aber noch offen.

oder Traubenmost mit Zutaten wie Pfeffer, Lorbeer, Honig und Mastix.

Einige römische Autoren beschreiben mulsum indes als Aperitifwein, zu dem man kalte Gerichte servierte wie moretum. Columella beschreibt dessen Zubereitung wie folgt: „Gib in eine Reibschüssel Bohnenkraut, Minze, Weinraute, Koriander, Sellerie, Lauch oder grüne Zwiebel, Lattich, Senfrauke, frischen Thymian oder Katzenminze, ferner frisches Flohkraut und frischen salzigen Käse. Dies alles zerreibe gemeinsam und gib etwas Pfefferessig dazu. Richte es in einer Schüssel an und gieße Olivenöl darüber." Und von dem Dichter Cato erfahren wir, dass es bei den Römern ein Dessert gab namens lobuli: kleine Kugeln aus einer Mischung von Käse und Weizengrütze, bestrichen mit Honig und Mohn.

Heimat von Karl Marx

Die roten Gipsbüsten sind nicht nur bei chinesischen Touristen beliebt. Karl Marx en miniature, aber stilecht mit wallendem Haar und Rauschebart, entzückt immer wieder auch Nicht-Kommunisten. Ob als Briefbeschwerer, Buchstütze oder schlichte Zierfigur – jedenfalls wird der Trierer Politikrevolutionär recht häufig (auch in weißer Version) zum Kauf über den Kassentresen seines zum Mu-

Besonders charmant: das Zurlaubener Ufer mit seinen umgenutzten Fischerhäusern. Direkt an der Mosel gelegen, sind die Gaststätten allein schon der Lage wegen einen Besuch wert.

In der Brückenstraße 10 erblickte am 5. Mai 1818 der Philosoph Karl Marx das Licht der Welt.
Sein Geburtshaus ist heute ein sehenswertes Museum.

Auf Schloss Monaise steht Hubert Scheid für gehobene Gastronomie.

Schloss Monaise, die 1779 bis 1783 erbaute Sommerresidenz des Grafen von Walderdorff, liegt am westlichen Moselufer. „Meine Muße" ist heute ein beliebtes Naherholungsziel.

Karl-Marx-Andenken, stilecht mit wallendem Haar und Rauschebart, entzücken chinesische Besucher wie Nicht-Kommunisten.

seum umfunktionierten Geburtshauses gereicht.

In Zeiten der Weltwirtschaftskrise entdeckte sogar Triers linke Studentenschaft den radikalen Gesellschaftskritiker neu. Immer häufiger tauchten vor einigen Jahren auf dem Campus T-Shirts mit seinem Konterfei auf, umrundet von dem Schriftzug „Karl-Marx-Universität Trier". Denn so wollte der Allgemeine Studierendenausschuss (AStA) die bislang namenlose Hochschule getauft wissen. Ein entsprechender Antrag im Senat der Universität scheiterte allerdings. Trotzdem kursieren im studentischen Umfeld ab und an Dokumente mit der Bezeichnung Karl-Marx-Universität Trier (statt Universität Trier) und einem entsprechenden Logo. Die Marx-T-Shirts des AStA sind als Souvenir bei Gaststudenten bis heute höchst beliebt; gleiches gilt für die Tassen und Kugelschreiber mit dem Abbild des Philosophen.

An der Trierer Bevölkerung geht die immer mal wieder aufflammende Umbenennungsdebatte indes „weitgehend vorbei" – jedenfalls nach Einschätzung von Beatrix Bouvier, Leiterin der Forschungsstelle und des Museums Karl Marx von 2003 bis 2009, die meint, dass das Verhältnis der Trierer zum berühmtesten Sohn ihrer Stadt lange Zeit auch „nicht gerade herzlich" gewesen sei.

Die Frau des Revolutionärs

Karl Marx erblickte am 5. Mai 1818 in der Brückenstraße 10 das Licht der Welt. Seine Vorfahren waren führende Vertreter des europäischen Judentums; in Trier übten noch Karls Großvater Moses Lwów und sein Onkel Samuel Marx das Amt des Rabbiners aus. Karls Vater, ein Jurist, konvertierte zum Protestantismus, da er als Jude unter der preußischen Obrigkeit sein unter napoleonischer Regierung angetretenes Anwalts- und Notars-Amt nicht hätte weiterführen dürfen und ließ auch die sieben Kinder evangelisch taufen. Die Familie zog um in ein Haus in der Simeonstraße (Nr. 8).

Karl besuchte die ehemalige Jesuitenschule und machte dort 1835 Abitur – zusammen mit seinem Freund Edgar von Westphalen. Dessen Schwester Johanna, genannt Jenny, ist umfassend gebildet und wird gefeiert als „Ballkönigin von Trier". Nach siebenjähriger Verlobungszeit treten Karl und Jenny 1843 vor den Altar. Danach stellt Jenny ihr Leben ganz in den Dienst ihres Mannes. Sie schreibt viele seiner Manuskripte ab, korrigiert und redigiert sie dabei, begleitet ihn ins Exil nach Brüssel, Paris und London. Zeitlebens leidet sie unter den schwierigen finanziellen Verhältnissen der Familie; von den sieben Kindern erreichen nur drei das Erwachsenenalter.

WEIN

Spitzenklasse vom Steilhang

Schon die Römer schätzten den Wein von der Mosel. Heute tragen vor allem rassig-elegante Rieslinge die Botschaft von der Rebkunst an ihren teils atemberaubend steilen Ufern in die ganze Welt.

Feinfruchtig, rassig, elegant", oder „barocke Pracht, Fruchtexplosion" – derart schwärmerisches Lob heimsen die Weine der Mosel inzwischen bei renommierten Weinexperten wieder ein. Viele Betriebe zwischen Koblenz und Perl ließen sich in den vergangenen Jahren zertifizieren und erfüllen höchste, von unabhängigen Verbänden formulierte Qualitätskriterien. Fünf Trauben im Gault Millau WeinGuide Deutschland oder das Maximum an Parker-Punkten – Dutzende von Mosel-Winzern dürfen sich heute damit schmücken. Ansgar Schmitz, Geschäftsführer der Moselwein e.V. in Trier, weiß gar nicht, wo er beginnen und wo aufhören soll mit der Aufzählung der Namen.

Tradition plus neue Technik

Insgesamt zählt die Region ca. 5000 Weinbauern. Junge, engagierte Weinbauern unterfüttern heute vielerorts die Erfahrung und Tradition ihrer Vorfahren mit neuesten Anbau- und Kellerei-Erkenntnissen. Und setzen wieder auf Klasse statt auf Masse. Viele der „neuen" Moselwinzer produzieren mittlerweile auch ihren eigenen Sekt sowie hochprozentige Trauben-, Hefe- und Tresterbrände. Und eine ganze Reihe von ihnen haben sich dem nachhaltigen Anbau verschrieben, setzen auf die Kraft der Natur statt auf jene der Chemie, um im Herbst gesunde Trauben zu ernten. Frühzeitige Laubreduzierung im Wingert, Sexfallen zur Bekämpfung von Schädlingen, die systematische Förderung der Artenvielfalt von Pflanzen und Tieren in den Rebgärten lautet das Motto dieser „Öko"-Winzer, auf deren Flaschen letztlich – nach jährlichen strengen Kontrollen – das Ecovin- oder das sechseckige EG-Bio-Siegel prangen darf.

Rund 9000 Hektar Weinbergfläche birgt die Mosel heute, aufgeteilt in 19 Großlagen und in mehr als 500 Einzellagen – das Gros davon mit mehr als 30 Prozent Neigung. Nirgendwo anders auf dem gesamten Erdball gibt es mehr Steillagenweinberge als an der Mosel. Sie konzentrieren sich vor allem um Burg Cochem, an der sogenannten Terrassenmosel. Der Bremmer Calmont mit seinen gut 60 Prozent Neigung ist der steilste Weinberg Europas.

Aushängeschild Riesling

Berühmtester Botschafter der Moselwinzer weltweit ist der Riesling. Deutlich spiegelt sich in ihm das „terroir"; Duft und Geschmack erinnern häufig an Früchte wie Apfel, Birne oder Pfirsich sowie an Blüten und Kräuter. Bei sehr reifen Weinen sind die Aromen von Aprikose, Mirabelle, Ananas oder Lychee typisch; bei edelsüßen Rieslingen lassen sich Noten von Mango, Maracuja, Rosinen und Honig asso-

Rund um die Mosel wächst vor allem Riesling, von denen einige zu den besten Weißweinen der Welt zählen.
Linke Seite: der Weinort Merl.

Eine ganze Reihe Moselwinzer hat sich dem nachhaltigen Anbau verschrieben und setzt auf die Kraft der Natur statt auf Chemie.

An Auszeichnungen herrscht wahrlich kein Mangel bei den Moselweinen. Doch welches ist der allerbeste? Der, der Ihnen am besten schmeckt. Da hilft also nur probieren!

zieren. Hochwertige Steillagen-Rieslinge lassen sich sehr lange lagern. Zweitwichtigste Rebsorte des Gebiets ist der Müller-Thurgau bzw. Rivaner, eine Kreuzung aus Riesling und Madeleine Royale. Die Fruchtsäure dieser Sorte ist weniger stark ausgeprägt, die Trauben ergeben milde Weine. Je nach Ausbau weisen sie einen Muskatton auf oder frische, fruchtige und Kräuter-Aromen.

Und das kommt an in der Welt: Von den jährlich rund 750 000 Hektolitern werden heute 30 Prozent ins Ausland exportiert – und die Weinkäufe ausländischer Touristen kommen noch obendrauf. Mehr als 80 Länder, darunter die USA, Kanada, China, Norwegen, Großbritannien, aber auch Neuseeland und sogar Peru sind wichtige Exportmärkte für die Weine aus dem Moselland.

Rätsel um den ersten Winzer

Wer aber pflanzte die allerersten Reben an der Mosel? Da streiten sich die Gelehrten. Einige meinen: die Römer. Die andere Fraktion nennt die Kelten – welche wiederum ihr Wissen von den alten Griechen hatten. Für die zweite Variante spricht, dass die Römer den an der Mosel üblichen Stockanbau nicht betrieben. Auf den griechischen Inseln hingegen ist er bis heute gang und gäbe.

Aus der Römerzeit sind allerdings wichtige Zeugnisse der Weinkultur erhalten – allen voran zahlreiche Kelteranlagen. Und der (aus Bordeaux stammende) römische Dichter und Staatsbeamte Decimus Magnus Ausonius schwärmte in seinen „Mosella"-Aufzeichnungen aus dem 4. Jh. von „weintragenden Höhen, wo Bacchus lässt reifen schönduftenden Wein", und schildert „die geschäftigen Winzer, flink bald oben am Gipfel, bald dort, wo der Abhang sich neigt."

Fakten

insgesamt ca. 9000 Hektar Weinanbaufläche;
ungefährer Anteil der weißen Rebsorten an den Rebflächen:
Riesling 5000 ha
Müller-Thurgau (Rivaner) 1000 ha
Elbling 500 ha
Weißer Burgunder 350 ha
Grauer Burgunder 200 ha
Kerner (aus Riesling und Trollinger) 200 ha

rote Rebsorten:
Anteil liegt bei 800 ha – Tendenz steigend

weitere Infos zur Weinregion Mosel unter:
www.weinland-mosel.de

Advertorial

Bad Bertrich –

Wanderparadies und Wellnessoase im GesundLand Vulkaneifel

Bad Bertrich vereint das Beste von Eifel und Mosel. In der Mitte der beiden Kulturlandschaften gelegen, bietet der Kurort eine unverwechselbare Mischung aus Entspannung, Natur und Wohlbefinden.

Bad Bertrich bedeutet Entdecken. Denn dieser Ort ist voller Einzigartigkeiten: Hier befindet sich der einzige Landschaftstherapeutische Park in Europa, der „Römerkessel“. Die belebende und gleichzeitig beruhigende Wirkung der sieben Themengärten im Park ist ein außergewöhnliches Erlebnis, bei dem die wohltuende Kraft der Natur hautnah zu spüren ist.

Bad Bertrich bedeutet Wohlfühlen. Denn hier entspringt die einzige Glaubersalzthermalquelle Deutschlands. Mit 32 Grad entströmt das heilende Wasser in Bad Bertrich dem vulkanischen Gebirge der Eifel und wird heute wie schon vor 2000 Jahren wegen seiner spezifischen, milden Wirkung geschätzt.

Bad Bertrich bedeutet Freisein. Mitten im Wanderparadies GesundLand Vulkaneifel gelegen, bietet Bad Bertrich eine Vielzahl an interessanten Routen und geführten Wanderungen, die den Kopf vom Alltag befreien. Wer wandert, wird belohnt: Unverwechselbare Panorama-Ausblicke über die wunderschöne Eifellandschaft sind jedem sicher, der die Umgebung zu Fuß erkundet.

Das GesundLand Vulkaneifel macht die ursprüngliche Lebenskraft der Erde spürbar. Denn die vulkanische Landschaft ist nicht nur schön, sondern ein ganz natürliches Therapeutikum. Die Natur macht Gäste glücklich und gesund – und für dieses Ziel lebt das GesundLand Vulkaneifel.

GesundLand Tourist Information Bad Bertrich
Kurfürstenstr. 32 I 56864 Bad Bertrich I Tel.: 02674 / 932222
info@bad-bertrich.de I www.bad-bertrich.de
www.gesundland-vulkaneifel.de

GESUNDLAND VULKANEIFEL

TRIER
Maßstab 1:16.000
0
200m
1 = Paul-Trappen-Straße
2 = Heinrich-Rumschöttel-Straße
3 = Röschen-Görgen-Straße
4 = Paul-Schneider-Straße
Mosel
Trier-Nord
Altstadt
Stadtteil Kürenz (zu Trier)
Stadtteil Gartenfeld (zu Trier)
Stadtt. Trier-Süd (zu Trier)
Heiligkreuz
Alt-
Neu-
Trier Hbf.
Trier-Süd
Gbf.
Porta Nigra
Hauptmarkt
Dom
Kaiserthermen
Barbarathermen
Amphitheater
Römerbrücke
Konrad-Adenauer-Brücke
Landesuntersuch.-a. Rheinland-Pfalz Institut f. Hygiene u. Infektionsschutz Trier
Städtischer Friedhof
Arena Trier
Wildgehege
Sportplätze
Tennisplätze
Moselstadion
Kreuzkapelle
Fernsehsender
Gärten der Partnerstädte
Wasserturm
Deutscher Wetterdienst
Deutsche Richterakademie
Tiergarten
Tiergartenbach
Altbach
Abtei
St. Matth.-Basilika
Kindergarten
Kleingärten
6=Hülterweg
8=Heinrich-Raskin-St
9=Amely-Goebel-Str.
10=Blandine-Merten-S
11=Jenny-Marx-Str.
12=Mutsuko-Ayano-St
13=Beim Praetorium
14=Josef-Harnisch-Str
15=Gloucester-Straße
16=Am Staudengarten
17=Maronenhain
1=Athanasius Str.
2=Klaus-Lohmann-Str.
3=Matthias-Wehr-Str.
1=Fausenburg
1 = Philipp-Loosen-Straße
2 = Von-Bodelschwingh-Straße
49
51
53
1
2
3
4
5
6
7
8
9
10
11
12
13
14
15
16
17
18

Römische Pracht und rege Moderne

Mehr als 2000 Jahre Geschichte birgt Trier in seinem Herzen – vom Regierungssitz des weströmischen Reichs über die „heilige Stadt" des Mittelalters bis hin zum vielfach umstrittenen Grenzort zwischen Deutschland und Frankreich. Heute ist die älteste Stadt der Bundesrepublik eine lebendige Studenten-, Einkaufs- und Kulturmetropole.

Allgemein

Der Stadtname geht zurück auf den keltischen Stamm der Treverer. 30 v. Chr. errichteten die Römer vorübergehend ein Militärlager auf dem Petrisberg. Die eigentliche Stadtgründung, Augusta Treverorum, erfolgte um 16/17 v. Chr. durch den römischen Kaiser Augustus. Bereits in der zweiten Hälfte des 3. Jh. n. Chr. wurde das antike Treveris Bischofssitz. Nach einer Zeit der Zerstörungen durch germanische Stämme 275 erlebte es unter Kaiser Konstantin seine zweite Blüte. Um Ostern 882 fiel die Stadt komplett normannischer Zerstörungswut zum Opfer. Im 10. Jh. erhielt Trier das Marktrecht und entwickelte sich dank der vielfältigen Beziehungen seiner Bischöfe bald zur *civitas sancta* mit einer Fülle von Kirchen und Klöstern. Den Aufschwung unterbrach der Dreißigjährige Krieg (1618–1648). Erst im 18. Jh. setzte eine langsame Erholung ein: die Bevölkerungszahl verdoppelte sich auf 8000, neue städtebauliche Projekte wurden in Angriff genommen. Doch dann wurde Trier französisch, bis es 1814 die Preußen für sich beanspruchten und in ihre Rheinprovinz eingliederten.
Erst verspätet fand die Stadt Anschluss an die Industrialisierung, 1856 dann auch an das Eisenbahnnetz. Im 20. Jh. nochmals französisch besetzt, brachte die Öffnung der Europäischen Grenzen 1995 (Schengener Abkommen) Trier aus seiner Randlage heraus in das Herz Europas. Von der Einwohnerzahl (110 000) liegt es nun fast gleichauf mit Koblenz (113 000). Seit 1986 zählen die Römerbauten, der Dom und die Liebfrauenkirche zum UNESCO-Weltkulturerbe.

Tipp

Fisch und Wein

Mehr als 120 Tropfen von rund 80 verschiedenen Moselwinzern und zwar zu Weingutspreisen mitten in Trier: In der Oechsle-Weinerlebnis-Welt ist ein repräsentativer Querschnitt der Moselweinproduktion versammelt – inklusive Biogüter. Für 19,50 € kann man sich durch das ganze Angebot der Vinothek probieren; für 9,50 € verkostet man vier und für 12 € sechs Weine.

Wein- und Fischhaus Oechsle
Palaststraße 5–7, Trier
Tel. 0651/9 91 75 55,
tgl. 10.00–23.00 Uhr
www.oechsle-weinhaus.de

Am Zurlaubener Ufer reihen sich die Gaststätten.
Die Porta Nigra, das Wahrzeichen Triers.

FÜHRUNGEN
Themen- und Erlebnisführungen bietet die Tourist-Information Trier. Die Palette reicht vom Bänkelsänger-Rundgang bis hin zur Begegnung mit Kaiserin Helena und Jenny Marx. Der Besteller: „Das Geheimnis der Porta Nigra" mit dem Zenturio.

INFORMATION
Tourist-Information der Trier Tourismus und Marketing GmbH, An der Porta Nigra, 54290 Trier, Tel. 0651/97 80 80, www.trier-info.de

Sehenswert

RÖMISCHE BAUWERKE
Weltberühmtes Wahrzeichen Triers ist das schwarze Tor – die ❶ **Porta Nigra** **TOPZIEL** (ca. 180 n. Chr.). Ursprünglich aus hellen Kylltal-Sandsteinquadern gefügt, erhielt das Marstor schon im Mittelalter seinen neuen Namen, dem es heute mit seinem durch Umwelteinflüsse weiter intensivierten Farbton gänzlich entspricht. Dennoch gilt es als das am besten

erhaltene römische Stadttor nördlich der Alpen. Die 2 **Palastaula** (um 310 n. Chr.), auch **Konstantin-Basilika** genannt, beeindruckt auch heute noch durch ihr Ausmaß: der Thronsaal des römischen Kaisers ist gut 27 m breit, 33 m hoch und 67 m lang und gilt damit als der größte erhaltene Einzelraum der Antike. Alle Pracht des Inneren – Marmor, Mosaiken, Statuen – wurde von den Franken zerstört. Ab 1614 begann der Anbau dreier Flügel. Seit Mitte des 19. Jhs. wird die auf Geheiß von Preußenkönig Friedrich Wilhelm IV. restaurierte Aula Palatina als die erste und älteste protestantische Kirche im katholischen Trier genutzt. Bis zu 1700 Menschen finden in ihr Platz (Nov., Jan.–März Di.–Sa. 10.00–12.00, 14.00–16.00, Dez. auch Mo., So./Fei. jeweils 13.00–15.00, April–Okt. Mo.–Sa. 10.00–18.00, So./Fei. 13.00 bis 18.00 Uhr). Eine baugeschichtliche Besonderheit stellt das 3 **Amphitheater** (100 n. Chr.) dar: für die Zuschauertribünen – etwa 20 000 Personen fanden hier Platz – nutzten die römischen Baumeister auf einer Seite der Anlage den Hang des Petrisbergs; nur die andere Seite des Rundes musste aufgeschüttet werden. Das Amphitheater wurde bis Anfang des 5. Jh. genutzt. Heute finden hier u.a. Gladiatoren-Workshops statt. Die 4 **Kaiserthermen** sind die jüngste der drei römischen Badeanlagen Triers. Von der Anlage des 4. Jh. sind aber noch das Caldarium (heute als Theater genutzt) und vier seiner einst sechs Kesselhäuser erhalten, das Frigidarium (Kaltbad) sowie die unterirdischen Bedienungsgänge (tgl. 9.00 bis 18.00, Okt., März bis 17.00, Nov.–Feb. bis 16.00 Uhr). Von einem großzügigen Glasbau beschützt legen die erst Ende der 1990er-Jahre beim Bau einer Tiefgarage entdeckten 5 **Thermen am Viehmarkt** (3./4. Jh.) jüngstes Zeugnis der römischen Badekultur in Trier ab (Di.–So. 9.00–17.00 Uhr, am 1. Werktag d. Woche geschl.). Die 6 **Barbara-Thermen** (2. Jh.), einst nach den Trajansthermen in Rom die zweitgrößten dieser Art, sind über einen Besuchersteg begehbar (tgl. 9.00–18.00, Okt., März bis 17.00, Nov.–Feb. bis 16.00 Uhr). Von den sieben Pfeilern der 7 **Römerbrücke** stammen noch fünf aus der Zeit zwischen 144 und 152 n. Chr., d.h. der dritten Bauphase des Flussübergangs. Die erste Moselbrücke entstand bereits 16. v. Chr. Von seinen Ausmaßen und seiner Stabilität her zeigt sich der älteste römische Brückenbau nördlich der Alpen sogar dem Verkehr des 21. Jh. gewachsen.

INNENSTADT

Im frühen 4. Jh. wurde über einer konstantinischen Palastanlage der 8 **Dom** TOPZIEL erbaut – damals die größte christliche Kirche der Antike. Das heutige, deutlich kleinere Gotteshaus enthält noch einen römischen Kern mit Originalmauern bis zu einer Höhe von ca. 25 m und birgt als kostbarste Reliquie den „Heiligen Rock" (siehe Special S. 85). Der südliche Teil der römischen Doppelkirche wurde um 1200 abgerissen und vollständig ersetzt durch die frühgotische 9 **Liebfrauenkirche** mit dem Grundriss einer zwölfblättrigen Rose. Zentrum des mittelalterlichen Triers war der

Hotel Römischer Kaiser. Petrusbrunnen am Hauptmarkt. Am Viehmarkt schützt ein Glasbau die Reste der römischen Therme.

10 **Hauptmarkt** mit dem markanten Gebäude der Steipe (vom trierischen Dialektwort für „Stütze"), dem Pranger sowie den Zugängen zum Dom, zur **St. Gangolf-Kirche** und zum Judenviertel. Der **Marktbrunnen** in der Mitte (1565) zeigt an der Spitze Petrus, den Schutzpatron des Doms und der Stadt; die Replik des Marktkreuzes erinnert an die Verlegung des Handels vom Flussufer an diese Stelle. Die 1483 eingeweihte **Steipe**, an der auch das rekonstruierte städtische Ellenmaß zu sehen ist, war das Festhaus für Stadtrat und Honoratioren und beherbergt heute das Spielzeugmuseum (Di.–So. 11.00–17.00 Uhr). Das benachbarte **Rote Haus** wurde Ende des 17. Jh. für den damaligen Domsekretär erbaut. Die Fassadeninschrift bezieht sich auf die Sage, dass Trier 1300 Jahre älter sei als Rom. Der aufwändig renovierte mittelalterliche 11 **Frankenturm** (Dietrichstr.) ist der einzige noch als Wohnturm erkennbare der einst mindestens neun Trierer Türme und nur zugänglich im Rahmen einer Gruppenführung. 12 **Palais Walderdorff** war ursprünglich als Dompropstei gedacht; Kurfürst Johann Philipp von Walderdorff legte 1765 den Grundstein. Die Franzosen richteten dann hier ihre Präfektur des Saar-Departements ein (1794–1815). Heute wird der sanierte Gebäudekomplex, zu dem auch der mittelalterliche Turm Jerusalem gehört, u.a. von städtischen Institutionen genutzt. Lothar von Metternich ließ 1615 die ersten Flügel des 13 **Kurfürstlichen Palais** errichten; unter Erzbischof Johann Philipp von Walderdorff entstand 1756 der Südflügel. Der Palast zählt zu den schönsten Rokokobauten weltweit; mitunter lässt sich seine Pracht bei Konzerten im Großen Saal oder im Sommer im Innenhof erleben. Da das Palais als Verwaltungsgebäude genutzt wird, sind Besichtigungen von Innenhof, Foyer, Treppenhaus und Barocksaal nur an bestimmten Tagen möglich (aktuelle Auskunft über Tourist-Info). Über den Pferdemarkt gelangt man ans 14 **Zurlaubner Ufer**, wo ab 1800 erste Fischerhäuser entstanden mit Gärtchen in Richtung Mosel. Inzwischen reihen

sich hier zahlreiche Gaststätten, Restaurants und Biergärten aneinander.

PETRISBERG

Unter der Bezeichnung 15 **Petrispark** laden die ehemaligen Daueranlagen der Landesgartenschau 2004 heute zu Sport, Kultur (Freilichtbühne) und Entspannung ein. Es gibt auf dem Areal u.a. einen Garten der Region sowie die Gärten der Partnerstädte (Jan.–März, 16. Okt. bis Dez. 8.30–18.00, April–15. Sept. bis 22.00, 16. Sept.–15. Okt. bis 20.00 Uhr). Am Petrisberg oberhalb des Amphitheaters verläuft auch der Trierer 1,6 km lange **Weinkulturpfad**, der in den Stadtteil Olewig führt.

Museen

Das 16 **Rheinische Landesmuseum** (Weimarer Allee 1, Di.–So. 10.00–17.00 Uhr, www.landesmuseum-trier.de) birgt Deutschlands umfangreichste Sammlung zur Zivilisation, Wirtschaft, Siedlung, Religion und Kunst der ersten vier Jahrhunderte nach Christus. Das 17 **Karl-Marx-Haus** (Brückenstr. 10, Jan.-März, Nov./Dez. Mo. 14.00–17.00, Di.–So. 11.00–7.00, Apr. bis Okt. tgl. 9.00–18.00 Uhr, www.fes.de/marx) widmet sich in seiner 2018 neu konzipierten Dauerausstellung dem Leben und Werk des in diesen Mauern geborenen Philosophen und Sozialismus- und Kommunismus-Theoretikers. Architektur und religiöse Kunst sowie liturgische Exponate zeigt das 8 **Museum am**

»Jeder nach seinen Fähigkeiten, jedem nach seinen Bedürfnissen.«
Karl Marx

Dom (ehemals „Bischöfliches Dom- und Diözesanmuseum Trier", Bischof-Stein-Platz 1, Di. bis Sa. 9.00–17.00, So., Fei. 13.00–17.00 Uhr, bei Sonderausstellungen tlw. länger, www.museum-am-dom-trier.de). Die auf diversen Schenkungen Trierer Bürger basierenden Bestände des (18) **Stadtmuseums Simeonstift** (Di.–So. 10.00–17.00 Uhr, www.museum-trier.de) umfassen Gemälde, Skulpturen und Ostasiatika sowie Alltags- und Gebrauchsgegenstände von der frühen Neuzeit bis ins 20. Jh. Hinter dem Museum steht die **Karl-Marx-Statue**, die China 2018 der Stadt Trier schenkte.

Hotels

Im Jugendstil mit modernem Anbau bietet das **€€€ Hotel Villa Hügel** (Bernhardstr. 14, Tel. 0651/93 71 00, www.hotel-villa-huegel. de) 45 Zimmer und einen schönen Wellnessbereich. **€/€€ Hotel ante porta**, Paulinstr. 66, Tel. 0651/43 68 50, www.hotel-anteporta.de. Zeitgenössisches Wohlfühl-Ambiente in frühlingshafter Farbigkeit (38 Zi.), nahe der Porta Nigra.

Restaurant

€€€€ Beckers, Olewiger Straße 206, Tel. 0651/93 80 80, www.beckers-trier.de. Zwei-Sterne-Koch Wolfgang Becker kreiiert wöchentlich ein phantasievolles Menü. Schlichter ist Beckers Weinhaus mit Landhausküche. Am **Weinstand auf dem Hauptmarkt** (Ende März–Nov. tgl. von 10.00–22.00 Uhr) kann man Weine aus der Trierer Region kosten und mit den Winzern ins Gespräch kommen.

Feste/Veranstaltungen

Unter dem Motto **mercatus phantasticus** verwandeln sich die Messehalle Trier und ihre Umgebung im Frühjahr (März) in einen mittelalterlichen Markt. Eine Vielzahl von Gesangsformationen u.a. auch aus Luxemburg, trifft sich alljährlich zur Trierer **Chormeile** in der City (Ende April). Ende Juni belebt das **Altstadtfest** den Citybereich zwischen Porta Nigra und Viehmarktthermen. Anfang Juli lädt der alte Fischer-Stadtteil Zurlauben zum **Moselfest** ein, anschließend feiert der Bezirk Olewig fünf Tage sein **Weinfest**. Und im Juli/August erklingt **Jazz im Brunnenhof**.

Umgebung

Römische Spuren vielerlei Art lassen sich noch in **Pfalzel** (6 km nördl.) entdecken. Der Ortsname leitet sich her von „Palatiolum" (kleiner Palast). Erbaut wurde das befestigte Palais von spätrömischen Kaisern in der Nähe einer ebenfalls römischen Brücke. Im Mittelalter wurden Teile der Palastruine als Wände für eine Klosterkirche (später Stiftskirche) sowie für Keller, Scheunen und Häuser genutzt; aus der gleichen Zeit stammt die Stadtmauer.

Genießen Erleben Erfahren

DuMont Aktiv

Mythos Gladiator

Nicht nur zusehen bei römischen Kampfspielen, sondern selbst einmal den Staub der Arena schmecken, das Gewicht historischer Waffen und Rüstungsgegenstände spüren – bei diesem Schnupper-Programm der besonderen Art kann sich jeder Besucher sein eigenes Bild machen, und das in der Kulisse des Amphitheaters.

Auf römischen Mosaiken sind sie dargestellt, die muskulösen Männer, die sich durch Schild, Schwert, Helm und metallenen Schutz für Arme und Unterschenkel als Gladiatoren ausweisen. Im antiken Rom traten diese Berufskämpfer in öffentlichen Schauwettkämpfen gegeneinander an.

Interaktiv geht es hier zu: Durch Mitmachen, Anfassen und Ausprobieren werden die Teilnehmer aufgesogen in die Geschichte. Anschaulich wird am Original-Schauplatz nähergebracht, was sich hier vor gut 1800 Jahren ereignete. Authentische Übungen, wenn auch keine Zweikämpfe, und viel Wissenswertes über den Gladiatoren-Alltag: Es geht um den blutigen Kampf um Leben und Tod, aber auch ums Training, um wilde Tiere, um die Sensationslust des römischen Volkes, um Reichtum und am Ende natürlich um die Frage: Was ist dran am Mythos des antiken Superhelden?

Weitere Informationen

- **Dauer:** Schnupperkurs „Mythos Gladiator": ca. 75 Min
- **Preis:** i.d.R. nur für Gruppen buchbar (bis zu 35 Pers.), Pauschale 289 €
- **Termine:** März–Okt. Di.–Do. jeweils um 10.00, 12.00, 14.00 und 16.00 Uhr
- **Voraussetzung:** körperlich gesund
- **Mindestalter:** 12 Jahre (in Begleitung eines Erwachsenen)
- **Anmeldung:** www.gladiatoren-schule.de. Tickets: Tourist-Info Trier, Tel. 0651/9 78 08 29

Einmal selbst Gladiator sein und den Staub der Arena schmecken ... – diesen Wunsch kann man sich in Trier erfüllen.

Facettenreiches Grenzland

Antike Architekturen und moderne Skulpturen, artenreiche Naturlandschaften und ein besonderer Wein, eine Stadt mit Wasserfall und die romantische Klause von Preußens Stararchitekten Karl Friedrich Schinkel – zwischen Mosel und Saar im Grenzland zu Luxemburg mangelt es nicht an Abwechslung für Auge, Seele und Gaumen.

Eine mittelalterliche Burg und die Saar gaben dieser Stadt ihren Namen: Saarburg.

Nittel liegt unmittelbar an der Grenze zu Luxemburg, die durch die Mosel markiert wird. Der Fluss macht hier eine elegante S-Kurve und gibt der größten Weinbaugemeinde an der Obermosel sein optisches Gepräge. Überwiegend wird hier die Rebsorte Elbling angebaut.

Der Ortsname von Tawern geht zurück auf eine Raststätte mit Umspannstation für Zugpferde, lateinisch tabera. An der Römerstraße von Metz nach Trier befinden sich auf dem Tawerner Menzenberg Reste einer großen Tempelanlage, darunter ein Heiligtum für Merkur (oben), den Gott der Reisenden und Händler.

Der Mosel-Radweg, hier bei Nennig, verbindet die Moselquellregion Elsass mit Deutschland.

Schloss Thorn besitzt nicht nur eine reizvolle Lage direkt am Fluss, sondern gilt auch als ausgezeichnetes Weingut. Angeblich pflanzten die Römer hier die ersten Reben der Mosel.

„Vom Gipfel bis zum Fuße sind die Felsen und die sonnigen Höhen mit Reben bepflanzt."

Decimus Magnus Ausonius, „Mosella", um 371

Bocksriemenzunge. Hummelragwurz. Keine besonders schönen Namen für Geschenke der Natur. Zumal sie immer seltener werden. Die beiden Orchideenarten stehen in Deutschland auf der roten Liste der vom Aussterben bedrohten Arten. Auf dem Nitteler Fels indes lassen sie sich noch entdecken. Sie fühlen sich offenbar recht wohl auf der bis zu 40 m aufragenden Wand aus Muschelkalk – ebenso wie ihre Artgenossen auf dem Plateau des Löschemer Berges bei Wasserliesch. Fast 30 Orchideenarten birgt dort das Naturschutzgebiet Perfeist.

Biologischer Hotspot

Sowohl Nittel als auch Wasserliesch liegen in einer „biologischen Hotspot-Region". Dreißig solcher, ob ihrer hohen Dichte und Vielfalt charakteristischer Tier- und Pflanzenarten förderwürdigen Gebiete hat das Bundesamt für Naturschutz 2012 deutschlandweit ausgewählt. Zum Hotspot Naturpark Saar-Hunsrück zählen neben dem Landkreis Trier-Saar u.a. auch jener von Bernkastel-Wittlich. In den Hotspot-Regionen können thematische Schwerpunktprojekte gefördert werden. Dies betrifft rund 40 Tier- und Pflanzenarten, darunter Feuersalamander, Gelbbauchunke, Fluss-Perlmuschel und Galmei-Stiefmütterchen.

Schinkels Klause

Violett und sonnengelb leuchten die Fensterornamente, Sterne, Rauten, Quader in senkrechter Reihung – drei identische, fröhliche Tableaus am Kopfende eines kapellenartigen Raumes, in dem nichts steht als ein Sarkophag. Gemeißelt aus schwarzem Marmor, bedeckt mit einer Bronzeplatte, die an ihren Ecken auf dem Rücken vierer kleiner bronzener Löwenfiguren ruht und in der Mitte eine Krone zeigt, steht das Totenbehältnis hoch über Kastel-Staadt: in jener Klause, die kein Geringerer als der preußische Baumeister Karl Friedrich Schinkel entworfen hat. Wie kam es dazu?

Schinkels Auftraggeber war Friedrich Wilhelm IV., der spätere König von Preußen. Der Kronprinz besuchte 1833 die Rheinlande und war auch Gast des Steingutfabrikanten J. F. Boch-Buschmann. In dessen Fabrik, der ehemaligen Abtei von Mettlach, befand sich noch immer der Sarg von König Johann von Böhmen und Luxemburg – genannt der Blinde –, der in der Schlacht von Crécy gefallen war. Friedrich Wilhelm erbat den Sarg, um seinem Vorfahren endlich eine würdige Ruhestatt zu geben. Da das nahegelegene Kastel einst zu den Besitzungen des gefallenen Königs gehörte, sollte also Schinkel die dortige verfallene Klause wieder aufbauen und als Grabstätte her-

Von der Cloef aus öffnet sich eine berühmte Aussicht auf die Saarschleife. Der Fluss durchbricht hier bei Mettlach den Taunusquarzit, bildet eine elegante Schlinge und zeigt, welchen natürlichen Lauf sich Wasser sucht, wenn man es denn lässt.

Nahe Kastel-Staadt hat ein berühmter Baumeister ein Spätwerk hinterlassen: Karl Friedrich Schinkel errichtete eine zerfallene mittelalterliche Klause neu im südländischen Stil.

Zur Klause gehören auch die Felskapellen.

Special

Apfelwein

Ein köstlicher Weinersatz

Sein Name bedeutet Stellvertreter, aber tatsächlich ist der Viez wohl eher eine angenehme Ergänzung zu all den Weinen, die an den Ufern von Mosel und Saar gedeihen.

„Vice", so die lateinische Wurzel von Viez, bedeutet „anstatt" – und tatsächlich konnten sich im historischen Rebland bei Trier nicht alle Menschen Wein leisten. Sie tranken im Alltag vice vinum, also „Ersatzwein", einen Aufguss aus den gekelterten, ausgepressten Weintrauben. Diese trockenen Rückstände, genannt Trester oder Treber, wurden mit Wasser übergossen, welches nach einiger Zeit ein wenig nach Wein oder zumindest nach Trauben schmeckte.

Später bürgerte sich der Name Viez für einen Trunk aus den frisch gepressten Äpfeln der Region ein. Wurde er in Holzfässern vergoren, sprach man (und so ist es noch heute) vom „sauren Viez", während der unvergorene Saft als „süßer Viez" bezeichnet wird. Viez-Äpfel sind in der Regel ziemlich sauer; typische Mostäpfel, kaum zum Verzehr geeignet. Inzwischen ist dem mosel- und saarländischen Apfelwein sogar eine Themenroute gewidmet: die Viezstraße. Sie erstreckt sich von der Mündung der Saar in die Mosel bei Konz bis Berus, einem Stadtteil von Überherrn im Saarland. Und auf den braunen Hinweisschildern mit dem stilisierten schwarz-weißen Apfel steht auch ihr französischer Name: Route du Cidre.

Die Viezstraße tangiert auch Perl.

richten. Der klassizistische Stararchitekt des Königreichs Preußen gestaltete den Aufbau im Stil südländischer Romantik mit Rundbogenfenstern, Säulenarkaden und einen an italienische Vorbilder erinnernden Glockengiebel.

Kultstätte der Kelten

Den Standort von Schinkels Werk nutzten schon Kelten und Römer als Kultstätte. Zur Zeit der Kreuzzüge wurden in den weichen Sandstein des Plateaus Höhlen, Nischen und Kammern nach dem Vorbild Jerusalems bzw. Golgathas eingegraben. Zahlreiche fromme Einsiedler lebten hier.

Um 1600 ließ der Franziskaner Roméry eine zweigeschossige Kapelle errichten. In dieser Zeit entstanden auch ein Weg entlang der Südseite des Felsmassivs, eine Grabnische und diverse Quellbecken. Der letzte Klausner verließ den Ort nach der französischen Revolution. Noch heute lässt sich der Klausenfelsen erwandern; der Sarkophag indes ist leer: die Gebeine des böhmischen Königs ruhen inzwischen in der Kathedrale von Luxemburg.

Wo die Mühle klappert

Es tost und plätschert, strudelt und wogt, spritzt und zischt: Wasser in allen Varianten prägt Saarburg und seine Um-

Flüsse fließen durch so manche Stadt. Doch ein Wasserfall wie Saarburg ihn besitzt, genießt Seltenheitswert.

Von der Burg oberhalb Saarburg sind nur noch Ruinen erhalten. Auch der Ausblick auf befestigte Ufer, Betonbrücken und Industrieanlagen beweist, dass die Zeit nicht stehengeblieben ist.

Beim Blick über Saarburg fällt die St.-Laurentius-Kirche auf. Seit 1593 trägt ihr Turm zwei Spitzhelme.

Das Flüsschen Leuk beschert Saarburgs Altstadt eine stimmungsvolle Uferpartie.

gebung. Dutzende von Mühlrädern drehten sich einst dank seiner Kraft in der Region, um Korn zu mahlen. Das an Chlorkalium und Chlormagnesium reiche Wasser des Salzbrünnchens im Kammerforst, schon von den keltischen Eisenhandwerkern und später den Bewohnern der römischen *villa rustica* am Hang oberhalb genutzt, ließ Mitte des 19. Jh. sogar kurzzeitig einen Kur- und Bäderbetrieb erblühen.

Stadt mit Wasserfall

Und welch wichtigen Anteil am Leben das Flusswasser außer für die Müller hatte, zeigen noch heute in Saarburg die alten Hausmarken über den Türen: Fisch-, Anker-, Bootshaken und Rudersymbole neben den Jahreszahlen und

Es tost und plätschert, sprudelt und zischt: Wasser in allen Varianten prägt Saarburg und seine Umgebung.

Initialen der Besitzer verweisen auf den einstigen Berufsstand der Fischer und Schiffer. Selbst die Saarburger Glockengießer brauchten Wasser: für den mit Ziegeln hohl aufgemauerten Kern aus Lehm, der dem späteren Inneren der Glocke entspricht, und für die Reinigung der bronzenen Klangkörper nach ihrer Befreiung von Mantel und Kern. Damit Wasser überhaupt durch die Stadt floss, leiteten die Saarburger das Flüsschen Leuk kurzerhand um. So kommt es, dass heute mitten in der Altstadt ein Wasserfall zu bestaunen ist, wo das Wasser rund 18 Meter in die Tiefe stürzt.

Kunst am Fluss

Ganz still ist es nicht in dem Stein. Das Glucksen des Wassers scheint sogar lauter als draußen. Aber all die anderen

Der Muschelkalk an der saarländischen Mosel tut auch den Burgunderweinen gut: Als Grauer und Weißer Burgunder und als Spätburgunder fließt er in der Wein- und Sektmanufaktur Petgen in Perl-Sehndorf ins Glas. Ein Teil der Ernte wird zu „Saarländischem Sekt" verarbeitet.

Dem Dreiklang aus Wellness, Wohnkultur und Essgenuss hat man sich auf Schloss Berg bei Perl-Nennig verschrieben (oben). Für höchste Gourmetfreuden sorgt Drei-Sterne-Koch Christian Bau im Restaurant Victor's (rechts).

Bei Perl haben Archäologen eine der größten römischen Villenanlagen im Saar-Mosel-Kreis entdeckt. Der Gebäudekomplex wurde rekonstruiert, sodass in Villa Borg der Komfort der römischen Besatzer bestaunt werden kann. Und in der Taverne wird wie zu Zeiten Lukulls aufgetischt.

Umgebungsgeräusche hört man nur gedämpft im Innern der besteh- oder besitzbaren Pyramide, die der Bildhauer Christoph Mancke für die Mündung von Saar und Mosel geschaffen hat. Mit weiteren, größtenteils aus Udelfanger Sandstein geschaffenen Skulpturen von fünfzehn Künstlerkollegen aus Luxemburg, Frankreich, Italien und Österreich ziert Manckes Dreieck die Flusslandschaft der Untermosel. „Steine am Fluss" nennt sich das Skulpturenprojekt. Aber nicht nur von Konz über Wasserliesch und Oberbillig, Wellen und Nittel bis hinab zur Steinplastik „Communicare" von Claudia Farina in Palzem reicht das Aufgebot der Künstler-Steine. Sondern auch längs der Saar lassen sich ein gutes Dutzend Skulpturen entdecken: zum Beispiel der „Feuersprung" am Wiltinger Saarbogen, ein blattloser Baum aus Stahl, konzipiert von der Isländerin Sigrún Olafsóottir; oder die „Stille" im Mannebachtal bei Tawern, eine fast transparente Kugel aus filigranen Stahlmatten von Werner Bizigeio. Das „Feuer" in Saarburg, geschaffen von dem Lothringer Louis Theobald, eint Stein und geschmiedetes Eisen. Die Skulptur „Erde" des rumänischen Künstlers Joan Thimmel bei Ayl-Biebelshausen schwingt sich in Gestalt eines überdimensionalen Schiffstaus in den Himmel.

WELLNESS

Tepidarium und Traubenkerne

Körperpflege, Entspannung, Schönheitsrituale und Gesundheitsvorsorge haben an den Ufern der Mosel eine lange Tradition – bereits die Römer schufen hier prunkvolle Stätten antiker Badekultur.

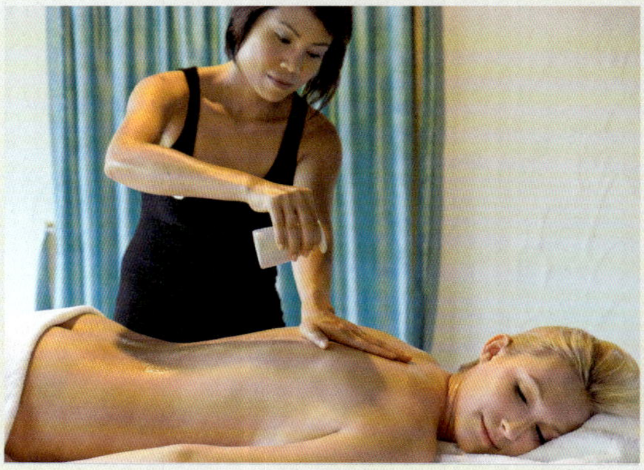

Eine Wohltat für Körper und Seele: Massagen, Wasseranwendungen, Wärme.

Kaltbad, Warmbad, Lau-Bad, Schwitzbad, Gymnastikraum, Taverne – nicht nur in Trier, der Metropole von Kaiser Augustus, sondern auch in den ländlichen Regionen der römischen Provinz wie etwa an der Obermosel ließen die Menschen es sich schon vor rund 2000 Jahren wohl sein und gönnten ihrem Körper neben köstlichem Wein auch die Segnungen von Wasser und Wärme.

Römische Badekultur

Welch hohen Stellenwert die antike Badekultur an den Ufern der Mosella besaß, verdeutlicht sehr schön der rekonstruierte Badetrakt im Archäologiepark Römische Villa Borg bei Perl. Marmorbecken, kunstvoll bemalte Wände in sattem Rot, Türkis oder fast durchsichtigem Blau, jeweils der Funktion bzw. Temperatur des Raumes entsprechend, prächtige Mosaikfußböden, Statuen, herrlich verzierte Wasserschalen. Wellness-Tempel, würde man heute sagen, denn tatsächlich stand wie in solchen nicht das Reinigen des Körpers im Vordergrund, sondern seine Entspannung, sein Wohlbefinden, mitunter auch ein wenig seine Ertüchtigung.

So umfasste ein römisches Bad neben Tepidarium (Temperatur 38–40 °C, beheizter Marmorfußboden bzw. Steinliegen, trockene Luft), Caldarium (mildes Dampf- und Inhalationsbad mit Kräuteraufgüssen und ätherischen Ölen, Temperatur ca. 40–50 °C, sehr hohe Luftfeuchtigkeit), Laconicum bzw. Sudatorium (60 °C; etwa unserer heutigen Sauna entsprechend) und Frigidarium (Kaltbaderaum, zum Abkühlen) auch Trainings-, (Ball)Spiel- und Massageplätze, Terrassen zum Sonnenbaden sowie Gärten zum Umherwandeln. Zudem konnte man die Offerten zahlreicher Köche und Händler auf dem Thermengelände genießen.

Neben Freizeitvergnügen und Gesundheitsvorsorge stand selbstverständlich auch Körperpflege auf dem Programm bei einem Bad-Besuch; entsprechende Utensilien, wie Öle, Duftwässer und Handtücher brachte man mit – ebenso wie eigene Diener,

Auf die wohltuende Kraft der Traubenkerne auf der Haut setzt man im Hotel Richtershof in Mülheim/Mosel.

Düfte, Blüten und edle Essenzen verwöhnen die Sinne auf Schloss Berg bei Perl-Nennig.

wenn man es sich leisten konnte. Diese bewachten die Garderobe, massierten den Herren und halfen bei Körperpflege und Haarentfernung. Auch ausgiebiges Salben, Frisieren und Schminken nach dem Baden gehörten dazu. Wer keine eigenen Diener dabeihatte, konnte sich vor Ort einen Bader mieten.

Badekultur heute

Antike Badekultur in zeitgenössischer Form, ergänzt häufig um Wohlfühlofferten fernöstlicher oder orientalischer Art, finden sich heute wie zu Römerzeiten auch in den kleineren Moselorten.

In Mülheim etwa, wo im luxuriösen Ambiente des 1000 m^2 großen Spas im Hotel Weißer Bär neben Dampfbad und Saunen auch Rasul, Algenpackungen, Massagen und Traumbäder mit edlen Badezusätzen für Schönheit und Entspannung sorgen. Beim sogenannten Brechelbad werden die Fußsohlen mit Tannenzweigen stimuliert. Traubenkerne werden sowohl bei einem Peeling für die Füße als auch zur Ganzkörpermassage eingesetzt. Zarteste Haut ist das Ergebnis – auch Männer sollten sich diese Erfahrung unbedingt einmal gönnen!

Wellness-Anbieter (Auswahl)

Bernkastel-Kues: *Hotel „Zum Kurfürsten"* mit Zentrum für Traditionelle Chinesische Medizin (www.zum-kurfuersten.de)

Mülheim: *Hotel „Weißer Bär"* (Spa kann auch von Nicht-Hotel-Gästen genutzt werden; www.hotel-weisser-baer.de)
Mülheim: Weinromantikhotel Richtershof (www.weinromantikhotel.com)

Perl-Nennig: *Victor's Residenz-Hotel Schloss Berg* (www.victors.de)

Traben-Trarbach: *Ayurveda-Kurhotel „Parkschlösschen"* (www.ayurveda-parkschloesschen.de)

Trier: *Hotel Park Plaza,* mit römischem Laconium und Steinschwitzbad (www.parkplaza-trier.de)

Was die Badekultur anbelangt, hatten die Römer den Kelten und Germanen einiges voraus. Wellness der gehobenen Klasse mit antikem Flair bietet Schloss Berg bei Perl-Nennig.

Deutsch-Luxemburgischer Naturpark
LËTZEBUERG
LUXEMBOURG
FRANCE
ECHTERNACH
TRIER
KONZ
SAARBURG
Mettlach
MERZIG
REMICH
GREVENMACHER
SCHWEICH
Schengen
Wasserliesch
Mertert
Tawern
Wormeldange
Palzem
Perl
Welschbillig
Kordel
Newel
Trierweiler
Föhren
Kenn
Mehring
Longuich
Fell
Kasel
Waldrach
Hermeskeil
Losheim am See
Weiskirchen
Schmelz
Beckingen
Zerf
Irsch
Ockfen
Serrig
Freudenburg
Orscholz
Mannebach
Nittel
Wellen
Osburg
Thomm
Mompach
Betzdorf
Biwer
Manternach
Rosport
Ralingen
Igel
Langsur
Hochwald
Osburger Hochwald
Naturpark Saar-Hunsrück
Moselweinstraße
Saar-Riesling-Route
Viezstraße
Elblingstraße
Route du Vin
Maßstab 1:200.000
4 km

Juwel im Dreiländereck

Lebendiges Römererbe, charmante Winzerdörfer und ein kleines Venedig mit Wasserfall und Höhenburg prägen den Landstrich zwischen Mosel und Saar. Neben Kultur und Kulinarischem bietet er auch eine Fülle von Freizeitaktivitäten.

1 Konz

Schon in der Bronzezeit war die Stelle, an der die Saar in die Mosel mündet, besiedelt; die Römer erwähnen sie als contionacum. Später entstand dann in der Gemarkung auch eine Kartause und im 19. Jh. wurde Konz (heute ca. 18 000 Einw.) ein wichtiger Eisenbahnknotenpunkt.

SEHENSWERT
Vom Marktplatz mit der Replik des riesigen Konstantinfußes geht es via Hauptbahnhof, der um 1860 im Stil eines italienischen Palazzos entstand, hinüber zur modernen, zeltförmigen Kirche St. Nikolas und den Relikten des **Römischen Sommerpalastes** (4. Jh.). Der Dichter Ausonius schrieb hier einst Teile seines Werkes „Mosella" nieder. Nach dem Frankensturm verfiel der Palast. Im Mittelalter wurde hier eine Kirche errichtet. Auf ihrem Friedhof sowie in ihrer Krypta finden sich noch römische Mauerreste; zu sehen ist auch ein unter dem Gotteshaus liegender Heizgang.
Der nördliche Stadtteil Karthaus hat seinen Namen nach einem ab 1680 erbauten Kloster. Zwar wurde die **Kartause** 1794 von den Mönchen aufgegeben; in ihren wesentlichen Teilen (Kirchenschiff, Kreuzgang) blieb sie jedoch erhalten. Heute dient das schlossähnliche Gebäude als Bürgerhaus und Kulturzentrum. In Konz beginnt an der Saarmündung der bis nach Palzem längs der Mosel verlaufende **Skulpturenweg „Steine am Fluss"** mit zahlreichen Werken von internationalen Künstlern.

MUSEUM
Mehr als 4000 m² volkskundliche Ausstellungen vom Weinbau bis zum Schulwesen und Zahnarzt-Wirken umfasst das **Freilichtmuseum Roscheider Hof**. Lebens- und Arbeitsumstände im ländlichen Alltag des Dreiländerecks lassen sich in der Kulisse original wiedererbauter Häuser und Gehöfte des 19./20. Jh. unmittelbar nachvollziehen. Zum Konzept gehören u.a. Vorführungen alter Arbeitstechniken und Aktionstage. Zudem gibt es diverse Gärten, Spielzeug- und Zinnfigurenmuseum sowie einen großen, naturnahen Kinderspielplatz (Roscheiderhof 1, Di.–Fr. 9.00–18.00, Sa., So. 10.00–18.00, Nov.–März bis 17.00 Uhr, von Nov. bis März sind die Häuser im Freigelände geschlossen, www.roscheiderhof.de).

Lernen auf dem Weinlehrpfad Nittel. Segelfreuden auf der Mosel bei Konz. Historischer Laden im Freilichtmuseum Roscheider Hof.

UMGEBUNG
Die etwa 23 m hohe Igeler Säule in **Igel** (auf dem gegenüberliegenden Moselufer) ist das größte römische Pfeilergrab nördlich der Alpen. Der quadratische Sandsteinpfeiler (ca. 250 n. Chr.) mit figürlichen Reliefdarstellungen markiert die letzte Ruhestätte der Tuchhändlerfamilie der Secundinier.

INFORMATION
Saar-Obermosel-Touristik e.V., Saarstr. 1, 54329 Konz, Tel. 06501/6 01 80 40
www.saar-obermosel.de

2 Tawern

Hervorgegangen aus einer römischen Straßenstation (tabernae), an der Tiere und Menschen Rast machten, veranschaulicht der Weiler Tawern (ca. 2600 Einw.) gallo-römische Geschichte.

SEHENSWERT
Den Metzenberg krönt eine wiedererbaute gallo-römische **Tempelanlage**. Zudem liegen am Neubaugebiet unter dem Parkplatz im Wald die Überreste eines römischen Straßendorfs (vicus). Die Grundmauern von zehn Gebäuden (darunter eine Schmiede) wurden bislang ausgegraben an dieser Stelle des Mannebachtals, durch das einst die wichtigste Handels- und Militärstraße zwischen Trier und Rom verlief. Infotafeln und ein Modell erläutern die Anlage.

UMGEBUNG
Zirka 8 km von Tawern liegt am Moselufer der Weinort **Nittel** zwischen hohen Dolomit- und Kalksteinfelsen. Hoch über dem Dorf steht die Wallfahrtskapelle St. Rochus, von der sich ein schöner Panoramablick bietet. In **Nittel-Rehlingen** gibt es einen römischen Ziegelofen (2./3. Jh). Der zum Brennen von Dachziegeln benutzte Mergel aus Muschelkalk wurde in der Nähe der Anlage gewonnen. Gut erhalten sind u.a. die Feuerstelle mit den Brennkammern, der Bedienungsraum und der Mittelgang.

INFORMATION
Tourist-Information Saar-Obermosel
s. Konz oder Saarburg, www.tawern.de

③ Saarburg

Mit seiner mächtigen Burgruine, dem mittelalterlichen Kern und dem einstigen Fischerviertel erzählt das Wasserstädtchen Saarburg (ca. 7500 Einw.) eine mehr als tausendjährige Geschichte. Graf Siegfried von Luxemburg ließ 964 die namensgebende Höhenfeste erbauen. König Rudolf von Habsburg erhob die zu ihren Füßen gewachsene, strategisch bedeutsame Siedlung anno 1291 in den Rang einer Stadt.

SEHENSWERT

Wunderhübsch zeigt sich die **Altstadt** TOP-ZIEL. Vom Rathaus am Fruchtmarkt ist es nicht weit zum **Buttermarkt**. Diesen säumen auf mächtigen Eichenpfählen ruhende Bürgerhäuser, Läden und Gaststätten, dazu kommen die schmalen Brücken über den Leukbach, die Saarburg den Beinamen „Klein-Venedig" eintrugen. Von dort gelangt man rasch zur Hauptattraktion der Stadt: dem künstlich angelegten **Wasserfall**. Fast 20 m stürzt er inmitten der Häuser über Felsen in die Tiefe. Seine Kraft trieb die Stadtmühlen im Talkessel an; heute wird mit einer Turbine Strom für die Beleuchtung des Buttermarktes erzeugt. An der Tümpelsmauer (1641) vorbei führt ein Rundweg den **Laurentiusberg** hinab. Das Laurentiustor riegelte im Mittelalter die befestigte Oberstadt von der bis zum 17. Jh. unbefestigten Unterstadt ab. Die steile Gasse öffnet sich zum **Staden**, einst Viertel der Schiffer, Fischer und Gerber. Am **Alten Markt** steht das Stammhaus der Glockengießerfamilie Mabillon (1773). In der Glockengießerei einige Schritte weiter wurden von 1770 bis 2002 Glocken gegossen (s. Museen). Oberhalb der Gießerei thront auf einem Bergrücken die **Saarburg**; über gut hundert Stufen gelangt man zur Aussichtsplattform der Ruine. Von hier bietet sich ein herrlicher Blick über die Stadt und ins Saarburger Land. Wuchtig thront über der Altstadt die **Laurentiuskirche** (16. Jh.) mit ihren nachträglich angefügten Türmen. Nebenan steht der **Kunoturm** als einziger Rest der Stadtbefestigung.

Tipp

Für Gartenfreunde

Der Erbpächter des Trierer Domkapitels ließ sich 1733 in Perl zwischen Pfarrkirche und Quirinuskapelle ein stattliches Hofhaus erbauen, das später in den Besitz der Familie von Nell überging. Gegenüber dem Palais (das nicht besichtigt werden kann) führt ein Portal in den Nellschen Park, der zum historischen Barockgarten umgestaltet wurde. Jahreszeitlich wechselnde Beete zeigen hohe Gartenkunst.

NELLSCHER PARK
Biringer Straße, Perl,
ganzjährig geöffnet, Eintritt frei

Garten von Schloss Berg, Perl. Im Museum Glockengießerei in Saarburg. Morgenstimmung an der Saarschleife am Aussichtspunkt Cloef.

MUSEEN

In der ehemaligen Kurfürstlichen Mühle, ein historisches „Salönchen", richtete die Stadt das **Amüseum** ein mit einer Präsentation der Saarburger Handwerksberufe. Das Museum birgt eine Druckstube, die Schusterei mit Gerberei (um 1850 gab es noch sechs Gerbereien in Saarburg) sowie einen Raum zum Thema Schifffahrt. In Wechselausstellungen werden regionale Künstler vorgestellt, für Kinder gibt es ein interaktives „Museumsquiz" (Am Markt 29, So.–Fr. 11.00–16.00 Uhr, www.amueseum-saarburg.de).

In der mittelalterlichen Hackenberger Mühle wurde bis 1974 Getreide gemahlen; die Mühlräder drehen sich aber bis heute, denn inzwischen ist die dreiteilige Anlage **Mühlenmuseum.** Im Keller sind die vielen Zahnräder zu sehen, die durch einen Lederriemen mit dem Mahlwerk im oberen Geschoss verbunden waren. Die oberen Räume bergen verschiedene Mahlwerke und andere Geräte zur Mehlerzeugung (April–Okt. Di.–So. 14.00–17.00 Uhr). Ein hoher Ziegelschornstein und ein stilisierter Glockenturm verweisen auf das **Museum Glockengießerei Mabilon** (Mo.–Fr. 9.00–17.00, Sa./So. 11.00–17.00 Uhr, www.museum-glockengiesserei-mabilon.de). Das Museum ist Teil der KulturGiesserei, zu der auch das integrative Café Urban gehört (www.kulturgiesserei-saarburg.de).

AKTIVITÄTEN

Die **Sommerrodelbahn** oberhalb des Aussichtspunktes am Dachswald ist über die Sesselbahn vom Burgberg aus erreichbar (www.sommerrodelbahn-saarburg.de). Tägl. Flugvorführungen März–Nov. im Greifvogelpark garantieren Spannung für Groß und Klein (www.greifvogelpark-saarburg.de). **Schiffsausflüge** auf die untere Saar und an die Mosel bietet die Saar-Personenschifffahrt an (ab Schiffsanlege nördlich der Altstadtbrücke, Tel. 06581/9 91 88, www.saarflotte.de).

ÜBERNACHTEN

€€/€€€ Villa Keller, Brückenstr. 1, Tel. 06581/9 29 10, www.villa-keller.de. 11 Zi. befinden sich in der denkmalgeschützten Villa mit Blick über die Altstadt. Restaurant und Wirtshaus (Mo., Di. geschl.).

RESTAURANT

€€€ Hotel-Restaurant Saarburger Hof, Graf-Siegfried-Str. 37, Tel. 06581/928 00, www.saarburger-hof.de. Feine, regionale Kost und große Weinauswahl in stilvollem Ambiente. Die Außenterrasse (Mai-Okt.) bietet einen tollen Blick auf Rathaus und Fruchtmarkt sowie jeden Do. ein Live-Barbecue.

€/€€ Schlossberg Café, Am Markt 26-28, Tel. 06581/6 05 14 55, www.schlossbergcafé.de. Hochwertige Bio-Produkte, ein üppiges Frühstück und hausgemachten Kuchen tischt das Café auf.

UMGEBUNG

Keltische Spuren, antike Wassersysteme, eine acht Meter breite römische Straße, Eremiten-Höhlen – vor allem aber die Schinkel-Klause auf einem Sandsteinfels hoch über dem Saartal prägen das Bild von **Kastel-Staadt** (8 km südl.). Aus der mittelalterlichen Einsiedelei mit um 1600 entstandener Kapelle erschuf Karl Friedrich Schinkel, der Baumeister des preußischen Königs Friedrich Wilhelm IV., ein Grabmal für den blinden Böhmenkönig Johann (mehr dazu ab S. 99). Klause und Höhlen können besichtigt werden. Die wechselvolle Geschichte des Ortes auf einem Plateau gegenüber von Serrig erschließt sich am besten auf dem archäologischen Lehrpfad. Bei **Mettlach-Orscholz** (15 km südl.) erhebt sich die Cloef – ein Felsen, von dem aus man die berühmte Aussicht auf die Saarschleife genießt (s. Bild oben und S. 100). Für Freunde von edlem Porzellan lohnt ein Besuch im Erlebniszentrum der Firma Villeroy & Boch (Mettlach, Saaruferstraße, Alte Abtei, aktuelle Öffnungszeiten u. Infos unter www.villeroy-boch.de).

INFORMATION

Tourist-Information Saar-Obermosel
Graf-Siegfried-Str. 32, 54439 Saarburg
Tel. 06581/99 59 80, www.saar-obermosel.de
www.saarburg.eu

4 Perl

Berühmt ist Perl (ca. 7600 Einw.) vor allem wegen des großartigen römischen Mosaiks im Ortsteil Nennig. Im Teilort Borg wurde ein römisches Landgut rekonstruiert. Zudem locken ein Schloss(hotel) und historische Gärten.

SEHENSWERT

Zwischen dem 1. und 4. Jh. wurde im Ortsteil Nennig auf dem Areal eines bäuerlichen Anwesens eine Villenanlage errichtet – mit Wohn- und luxuriösem Repräsentationsgebäude. Eine ihrer im 19. Jh. bei Ausgrabungen gefundenen Fußboden-Flächen gilt als das größte und besterhaltene **antike Mosaik** nördlich der Alpen. Der prachtvolle, restaurierte Steinchenteppich zeigt in seinen sieben (von einst acht) Medaillons Szenen aus einem Amphitheater mit Gladiatoren, Tieren, Musikern. Zur Anlage gehören auch das Badegebäude sowie ein der letzten Ruhestätte von Kaiser Augustus in Rom nachempfundener Grabhügel (Römerstr. 11, März bis Nov. Di.–So. 8.30–12.00 u. 13.00–18.00 Uhr, Dez.–Feb. geschl., Tel. 06866/13 29).
Im **Archäologiepark Römische Villa Borg** wird nicht nur seit Jahrzehnten wissenschaftlich ausgegraben, sondern man hat auch den gesamten Gutsbezirk auf den römischen Fundamenten originalgetreu und dem aktuellen Forschungsstand entsprechend rekonstruiert: mit Wandelhallen, Badeanlagen, Gärten und römischer Taverne (Im Meeswald 1, April–Okt. Di. bis So. 10.00–18.00, Feb., März, Nov. 11.00 bis 16.00 Uhr. Dez./Jan. geschl., Tel. 0686/59 11 70, www.villa-borg.de).
Streng geometrisch angelegt folgt der **Renaissance-Garten** von Schloss Berg dem Vorbild typischer Stickereien dieser Zeit. Das Grün der Pflanzen kontrastiert mit dem gelben und roten Wegebelag; der Garten ist von Mauern umfriedet. Die Anlage ist Bestandteil des Projekts „Gärten ohne Grenzen“ im Dreiländereck Saarland-Frankreich-Luxemburg, in dessen Rahmen 23 Grünareale angelegt wurden (ganzjährig geöffnet, kein Eintritt). Das in den 1950er-Jahren wiedererbaute, zunächst als Schullandheim genutzte **Schloss Berg** entstand aus einer mittelalterlichen Wasserburg und birgt heute hinter seinen Renaissance-Fassaden ein luxuriöses Hotel sowie ein Spielcasino.

ÜBERNACHTEN/RESTAURANT

€€€€ **Victor's Residenz-Hotel Schloss Berg**, Schlossstr. 27–29, Tel. 06866/7 99 05, www.victors.de. Elegante Zimmer mit Balkon. Fitness- und Wellnessbereich. Im **Victor's FINE DINING** führen die zeitgemäß-leichten kulinarischen „Reisen“ von Drei-Sterne-Koch Christian Bau von Japan über Spanien bis in die Provence (www.victors-fine-dining.de).

INFORMATION

Tourist-Information Gemeinde Perl
Trierer Straße 28, 66706 Perl
Tel. 06867/6 60, www.perl-mosel.de
Verkehrsverein Nennig
Bübinger Str. 5, 66706 Perl-Nennig
Tel. 06866/14 39, www.nennig.de

Genießen Erleben Erfahren

DuMont Aktiv

Flusstäler „per Pedale“

Auf in den Sattel! Wer schneller sein möchte als zu Fuß und näher dran an der Natur als mit dem Auto, für den ist das Fahrrad das richtige Mittel, um die Ufer von Mosel und Saar zu erkunden. Auf eigenen Wegen dahin gleiten, dem eigenen Temporhythmus folgen – ein Vergnügen für Groß und Klein.

Startpunkt ist Konz, der Mittelpunkt eines weit verzweigten Systems von Flusstälern, die sich alle „per Pedale“ entdecken lassen. Zum Einstieg fällt die Wahl auf die beiden großen Täler der Obermosel und der Saar. Bis zum Naturschutzgebiet Wiltinger Saarbogen mit seinen Stromschnellen, Seerosen und Graureiherkolonien führt der Weg gut fünf Kilometer durch eine schöne Weinberglandschaft. Dann geht es längs des Flusses etwa neun Kilometer bis hinab nach Saarburg. Von hier wenden wir uns durch Felder, Haine und Dörfchen in Richtung Mosel; nach Palzem (18 km).

Über Wincheringen (9 km) mit seiner kleinen Burganlage und der sehenswerten Pfarrkirche aus dem 19. Jh. geht es weiter in das von Wäldchen, Wiesen und Auen umgebene Mannebach (9 km), das am historischen Jakobus-Pilgerweg liegt und für seine Brauerei bekannt ist (Ostern-Nov. tgl. ab 12.00 Uhr, sonst Sonderöffnungszeiten, s. auch www.mannebacher.de). Von dort radeln wir schließlich ins knapp sechs Kilometer entfernte Tawern. Wiederum auf autofreien, von Baumgruppen und Äckern gesäumten Wegen nähern wir uns schließlich unserem Ausgangsort Konz (7,5 km).

Weitere Informationen

- **Orientierung:** Die Saar-Obermosel-Radwege sind einheitlich beschildert.
- **Radverleih:**
Saarbike Store, Trierer Str. 9, 54439 Saarburg, Tel. 06581/9 98 11 14;
Obermosel-Fahrradverleih im Hampshire Hotel Nitteler Hof, Weinstr. 42, Nittel, Tel. 06584/9 93 60;
- **Sonstiges:**
Radpauschalen mit Gepäcktransfer im Dreiländereck und weitere Infos: www.saar-obermosel.de

Ebenerdig radeln, mal entlang der Saar und Obermosel, mal durch Weinberge, Felder und kleine Orte – ein Genuss!

Weingüter mit einem Plus

Nicht nur Wein

Sie haben sich schon früh dem ganzheitlichen Ansatz in Wingert und Keller gewidmet, betreiben hauptsächlich Steillagenanbau oder bieten auf dem Gelände ihres Weingutes kulturelle Events sowie Wissensvermittlung in der Natur – das Engagement der Mosel- und Saar-Winzer ist inzwischen breit gefächert.

1 Winzerhof Gietzen

Comedian-Abende, Wanderung mit einem Schmetterlings-Forscher, Weinkabarett plus Musik – es geht kulturell und in Sachen Naturwissen hoch her übers Jahr auf dem Winzerhof Gietzen, zu dessen Weinlagen u.a. Parzellen auf dem Hatzenporter Stolzenberg und Kirchberg zählen. Auch Gästezimmer sowie einen Hofladen bieten die rührigen Weinbauern.

Moselstr. 70, 56332 Hatzenport, Tel. 0 26 05/95 23 71, www.winzerhof-gietzen.com

2 Kloster Ebernach

Unter den Moselwinzern ist Martin Cooper gleich in mehrfacher Hinsicht ein Exot. Seine Wiege stand in Australien. Dort, aber auch in Neuseeland, in den Vereinigten Staat sowie in Südafrika hat er in den vergangenen eineinhalb Jahrzehnten Wein gemacht. Nun ist er Pächter des Weinguts von Kloster Ebernach, sein Pachtvertrag läuft ein Vierteljahrhundert. Aber schon mit einer seiner ersten Weine erregte er Aufsehen – denn dessen Farbe ist ein sattes Orange. Vierzig Tage wurden die Rieslingtrauben dafür auf der Schale vergoren.

Sehler Anlagen 36, 56812 Cochem, Tel. 0 26 71/917 11 22, http://ebernachwein.de

3 Franzen

Wie kein anderer hatte sich Ulrich Franzen für die Wiederbelebung der vor der Jahrtausendwende auf 4 ha geschrumpften Rebfläche auf dem Calmont eingesetzt. Nach seinem tragischen Unfalltod mit dem Schmalspurschlepper 2010 übernahm Sohn Kilian den Jahrhunderte alten Familienbetrieb. Den ersten eigenen Wein nannten der Jungwinzer und seine Frau „Der Sommer war groß“. Inzwischen produziert das Paar im legendären Steillagen-Weinberg Calmont sowie im Neefer Frauenberg nicht nur Riesling (u.a. als großes Gewächs), sondern auch weißen Burgunder, Spätburgunder-Rosé und Elbling.

Gartenstraße 14, 56814 Bremm, Tel: 0 26 75/4 12, www.weingut-franzen.de

4 Immich-Batterieberg

Mit Hilfe unzähliger Sprengbatterien entstand Mitte des 19. Jh. in Enkirch die neue Rebfläche Batterieberg. Die Geschichte des Weinguts reicht indes zurück bis ins 10. Jh. Später ging das Gut als Lehen an die Fürsten von Esch; im 16. Jh. – schon unter der Ägide der bis 1989 aktiven Winzerfamilie Immich – entstand dann Franzenhaus (heute rechter Flügel). Heute stammen die Weine des Guts außer vom Batterieberg auch aus weiteren Schiefersteillagen, alle mit der „preussischen Lagenklassifizierung von 1868“ bereits in die höchste Klasse eingruppiert.

Im Alten Tal 2, 56850 Enkirch, Tel. 0 65 41/81 59 07, www.batterieberg.com

5 Weingut zur Römerkelter

Bereits in den 1970er-Jahren begann die Familie Dienhart mit ökologischem Weinbau; inzwischen führt die zehnte Generation das ECOVIN-zertifizierte Gut nahe der antiken Kelteranlage aus dem 2. Jh. Neben den ganz ohne chemisch synthetischer Pflanzenschutz- oder Düngemittel erzeugten Rieslingen gibt es auch zwei Rotlinge im Portfolio, einen Cremant Pinot Noir sowie einen Rivaner. Letzterer bildet zudem die Basis für einen Weißweinessig sowie einen Balsamico – beide ebenfalls in Bio-Qualität.

In der Duhr 6, 54484 Maring-Noviand, Tel. 0 65 35/4 30, www.roemerkelter.de

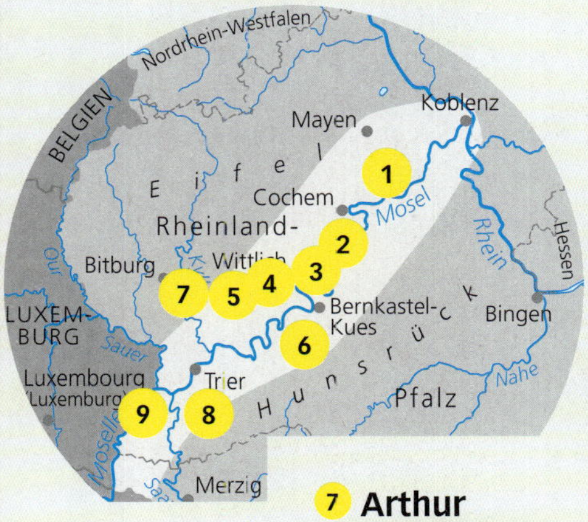

6 Wegeler

Viele Legenden ranken sich um den Bernkasteler Doctorberg; verbrieft indes ist, dass der aus Koblenz stammende Geheime Kommerzialrat Julius Wegeler im Winter des Jahres 1900 für 100 Goldmark pro Meter dort etwa ein Drittel der Fläche erwarb. Bis heute gab es keine Kaufmöglichkeit mehr in der 3,2 ha großen, auf insgesamt nur zwei Güter aufgeteilten Gemarkung. Wegeler knüpfte mit seiner Tat an die von ihm bereits anno 1882 im Rheingau begründete Weintradition seiner Familie an – und ließt bereits 1902/03 im Ortsteil Cues ein Kelterhaus nach dem Prinzip der Gravitation errichten.

Gutshaus Mosel, Martertal 2, 254470 Bernkastel, Tel. 0 65 31/24 93, www.wegeler.com

7 Arthur Melsheimer

Seit 1844 ist der mittelalterliche Wirtschaftshof der Zisterziensermönche hoch über dem Lieser-Tal im Besitz der Familie Melsheimer. Ein Teil ihrer ökologisch angebauten Weine reift im historischen Keller nach alter Tradition in Fuderfässern. Wer möchte, kann von Frühling bis Herbst im Rahmen eines (Halb)Tages-Events auf dem Klosterhof Siebenborn die jeweiligen Weinbergsarbeiten kennenlernen. Zudem bietet das als „Partnerbetrieb Naturschutz" ausgezeichnete Gut Führungen durch die Reben, den Keller und die Brennerei (ca. 2,5 Std.) – und Apartments in Kavaliershäuschen zum Übernachten.

Klosterhof Siebenborn 9, 54484 Maring-Noviand, Tel. 0 65 35/8 51, www.arthur-melsheimer.de

8 Schloss Saarstein

Seit Römertagen wird in Serrig, dem südlichsten Weinort der Saar, Weinbau betrieben. Die Gesamtlage Saarstein entstand jedoch erst im 19. Jh. Ein Kaufmann erwarb damals den Berg und ließ das schlossartige Gutsgebäude errichten. Seit 1956 zeichnet nun die Familie Ebert für die Weine an den von der Saar umflossenen Hängen verantwortlich – nach dem Credo: „Jeder Rebstock soll auf den Wasserlauf blicken können." Besucher können die prächtige Aussicht auf die Saar werktags von der großen Terrasse des „Château" genießen – beim SaarRieslingSommer oder zur festlichen Jahrgangspräsentation.

Schloss Saarstein 1, 54455 Serrig, Tel. 0 65 81/23 24, www.saarstein.de

9 Stefan Steinmetz

Riesling hat Stefan Steinmetz nicht im Angebot. Auf seinen sechs Hektar baut der Jungwinzer, der sich bereits mit 17 Jahren klar für das Thema Wein als Beruf entschied, Weiß- und Grauburgunder an, Auxerrois – und Elbling. Letzterem gilt seine besondere Aufmerksamkeit. Daher hat der weitgehend allein arbeitende, auf klassische Etikettierungen bewusst verzichtende (Bio)-Winzer auf einer neu gepachteten Rebfläche in Kooperation mit der Weinbau-Universität Geisenheim 200 verschiedene Klone von alten Elblingreben gepflanzt, um deren Eigenschaften zu beobachten. Schon die alten Römer kultivierten in der Region diesen „Albus", wie sie ihn nannten. Heute beschäftigen sich nur noch wenige Winzer an der Obermosel und an der Sauer mit der antiken Traube.

Am Markusbrunnen 6, 54439 Wehr, Tel. 0 65 83/2 34, www.stephan-steinmetz.de

Blick ins Innere von Burg Thurant bei Alken. Römische Villa in Mehring. Moselschleuse bei Zeltingen.

Service

Das ABC der regionalen Küche, die interessantesten Geschichtsdaten und Adressen – hier sind die wichtigsten Informationen für Ihren Mosel-Urlaub zusammengestellt.

Anreise

Mit dem Auto: Von Südwesten erreicht man Koblenz am besten über die A 3 und A 48; zur Terrassenmosel führt aus Süden und Nordwesten die A 61. Direkt nach Trier führt die A 1; sie ist über die A 64 mit den Schnellstraßen Luxemburgs verbunden. Auch über die Hunsrückhöhenstraße sind viele Moselorte gut erreichbar.

Mit der Bahn: Bis Koblenz verkehren regelmäßig IC- und EC-Züge aus allen Himmelsrichtungen, auch Trier ist an das IC-Netz angebunden (z. B. direkt ab Saarbrücken oder Köln). Etwa im Stundentakt verkehren RB- oder RE-Züge von den beiden Städten ins Moseltal, z. B. direkt nach Cochem, Bullay, Treis-Karden, Wittlich. Mit einmaligem Umsteigen (in Bullay) ist auch Traben-Trarbach auf Schienen zu erreichen. Die Fahrt dauert je nach Zugart zwischen 1,5 und 2 Stunden. Ohne Ermäßigung beträgt der einfache Fahrpreis ca. 20 €.

Mit dem Flugzeug: Das Moselland liegt im Airport-Dreieck Frankfurt, Köln/Bonn bzw. Düsseldorf und Luxemburg. Die kürzeste Entfernung besteht zum Flughafen Hahn, Tel. 06543/50 92 00, www.hahn-airport.de, sowie nach Luxemburg Findel (Tel. 00352/2 46 40, www.aeroport.public.lu). Zwischen Luxemburg-Findel und Trier existieren Shuttle-Busverbindungen; ab Hahn gibt es Busverbindungen nach Koblenz und Trier sowie einen Shuttle nach Bullay/Cochem (www.airportshuttle-mosel.de)..

Mit dem Schiff: Wer auf dem Rhein anreist, muss meist in Koblenz das Schiff wechseln. Von hier bis Trier verkehren regelmäßig Linienschiffe. Für große Distanzen zuständig ist die Köln-Düsseldorfer Rheinschifffahrt AG (Frankenwerft 35, 50667 Köln, Tel. 0221/2 08 88 18, www.k-d.com). Kleinere Strecken bedienen (meist nur zwischen Mai und Oktober) die lokalen Schifffahrtsunternehmen, z. B. Schifffahrt Hölzenbein, Koblenz, Tel. 0261/3 77 44, www.hoelzenbein.de), Gebr. Kolb, Trier, (Tel. 0651/2 66 66, www.moselrundfahrten.de), Mosel-Schiffs-Touristik, Bernkastel-Kues, Tel. 06531/82 22, www.mosel-personenschifffahrt.de).

Auskunft

Mosellandtouristik GmbH
Postfach 13 10, Kordelweg 1
54470 Bernkastel-Kues
Tel. 06531/9 73 30
www.mosellandtouristik.de

Rheinland-Pfalz Tourismus GmbH
Löhrstraße 103–105, Postfach 70 05 63
56068 Koblenz
Tel. 0261/91 52 00
www.gastlandschaften.de

Tourist-Information Sonnige Untermosel
Moselstr. 7, 56332 Alken
Tel. 02605/8 47 27 36
www.sonnige-untermosel.de

Saar-Obermosel Touristik
Graf-Siegfried-Str. 32
54439 Saarburg, Tel. 06581/99 59 80
www.saar-obermosel.de

Im Internet:
www.mosel.com, www.mosel.de
Darstellung aller Städte und Gemeinden im Moseltal, Unterkunftslisten, Restaurantkritiken.

Essen & Trinken

Internationale Standards prägen inzwischen auch an der Mosel das Gros der Speisekarten. Es gibt aber immer wieder Gelegenheiten, die ursprüngliche, deftig-einfache Küche der Region zu entdecken: bei traditionsbewussten (oder innovativen) Wirten und Winzern, im Rahmen von Wein(berg)-Festen und bei anderen öffentlichen Feierlichkeiten. Das Moselland war einst eine arme Region; entsprechend setzten sich auch die Speisen zusammen aus dem, was in der Gegend vorhanden war: **Fisch** (Aal und Zander), Feldfrüchte (Kartoffeln, Kohl und Bohnen) sowie – vor allem in der Eifelregion – das Fleisch von Ziegen, Lämmern, Rindern, Schweinen und Wild. Schlichte, nahrhafte Kost wurden aus diesen Zutaten bereitet, um die Mägen der (Wein)Bauern und ihrer Helfer zu füllen: würzige Kuchen oder Winzerbrot, „Schmer" (Aufstrich), Eintöpfe, Pfannengerichte, Aufläufe (z. B. **Debbekoche** oder **Deppellappes**). Nach den Schlachttagen gab es auch Sülze, Leber- und Blutwurst, Weinbauern-Pastete oder Tresterfleisch. Trauben und Wein spielten stets eine Rolle in der moselländischen Küche; stellenweise auch der Apfel und – seit geraumer Zeit wieder – der rote **Weinbergpfirsich.** Überdies kann man im Moselland mancherorts wie die Alten Römer speisen und die Kunst einiger Sterneköche kennenlernen. Ausführliches zum Thema **Wein** unter „DuMont Thema" S. 88–91.

Der Calmont liefert guten Wein und schöne Ausblicke auf Bremm und die Laurentiuskirche.

Info

Geschichte

um 500 v. Chr.: Der keltische Stamm der Treverer lässt sich im Moselraum nieder. Bedeutende Siedlungen entstehen längs des Flusses u.a. bei Pommern/Karden sowie zwischen Bernkastel und Trarbach
55–53 v. Chr.: Cäsars Truppen erobern in den gallischen Kriegen das Moselgebiet.
16.v. Chr.: Gründung Triers durch Kaiser Augustus (Augusta Treverorum)
9. v. Chr.: Am Zusammenfluss von Rhein und Mosel errichten die Römer ihr Lager Ad Confluentes, die Keimzelle von Koblenz.
1. Jh. n.Chr.: Die Römer führen den Weinbau an der Mosel ein.
4. Jh.: Unter Kaiser Konstantin erblüht Trier zum Roma secunda, dem zweiten Rom und wird Hauptstadt des Römischen Westreichs.
5. Jh.: Die Franken erobern das Moselland.
882: Normannische Krieger zerstören Trier.
10.–13. Jh.: Trier steht aufgrund seiner immer größeren Zahl von Kirchen, Klöstern und Stiften im Ruf einer civitas sancta, einer „heiligen" Stadt.
16. Jh.: Reichstag in Trier. Reformationsversuche in der Stadt scheitern.
1618–1648: Der Dreißigjährige Krieg verwüstet auch das Moselland.
1687–1689: Im Pfälzischen Erbfolgekrieg ziehen französische Truppen eine Spur der Zerstörung durch das Moseltal.
1797: Trier wird wie das linksrheinische Deutschland nach den Koalitionskriegen in das französische Staatsgebiet eingegliedert.
1814/1815: Trier und das Rheinland werden preußisch.
1839: Das erste Dampfschiff befährt die Mosel. Zwei Jahre später beginnt ein regelmäßiger Verkehr zwischen Trier und Koblenz.
1874–1879: Bau der Eisenbahnstrecke von Koblenz nach Trier inklusive des 4,2 km langen Kaiser-Wilhelm-Tunnels
1957–1964: Ausbau der Mosel zum Großschifffahrtsweg mit Schleusen
1986: Triers römische Relikte und die aus ihnen erwachsenen, christlichen Nachfolgebauten werden UNESCO-Welterbe.
1987: Entdeckung der dritten römischen Thermenanlage (ca. 3. Jh. n. Chr.) von Trier bei Bauarbeiten auf dem Viehmarktplatz
1993/1994: Jahrhunderthochwasser: Seit 1784 erreichte die Mosel nicht derartige Pegelstände (Trier: 11,28 m, Koblenz 9,49 m).
2002: Das Mittelrheintal zwischen Koblenz und Rüdesheim wird UNESCO-Welterbe.
2009: Erster Spatenstich für den umstrittenen Ausbau der B 50 inkl. Großbrücke (Hochmoselübergang) bei Zeltingen-Rachtig
2010: Deutschlands größte Seilbahn nimmt in Koblenz ihren Betrieb auf.
2011: Mit rund 3,5 Mio. Besuchern wird die Bundesgartenschau in Koblenz zur erfolgreichsten ihrer Art.
Am 4. Dezember: Aufgrund der Entschärfung von Kampfmittelfunden aus dem Zweiten Weltkrieg müssen 45 000 Menschen vorübergehend ihre Wohnungen verlassen.
2012: Zur seltenen Präsentation des Heiligen Rocks, einer Reliquie, die das Gewand Jesu Christi darstellen soll, pilgern 550 000 Gläubige nach Trier.
2014: Die ersten großen Stahlplatten für die umstrittene Hochmoselbrücke ragen über den Fluss. Die geplante Inbetriebnahme wird verschoben auf Mitte 2019.
2018: Nach 13 Verschubphasen erreicht die Hochmoselbrücke im August die Eifelseite.

Feste

„Mythos Mosel": Eine parallele Jahrgangsverkostung von rund 120 Weingütern, verteilt auf 30 Gastgeber-Weingüter. Jährlich abwechselnd ausgerichtet wird Mythos Mosel von drei 20 km langen Abschnitten an der Mosel (2019: Ürzig bis Briedel, 2020: Detzem bis Piesport). Abgerundet wird das umfangreiche Programm u.a. durch Winzermenüs und Weinparties. Ein Shuttlebus verbindet die Locations. Tages- und Wochenend-Tickets sind im Vorverkauf erhältlich (am Wochenende nach Pfingsten, www.mythos-mosel.de).
Moselmusikfestival: Klassische Konzerte von Künstlern und Ensembles aus aller Welt an mehr als zwei Dutzend außergewöhnlichen Aufführungsorten, darunter die Konstantinbasilika, die Viehmarkttherme und das Kurfürstliche Palais von Trier, die Klosterruine Stuben bei Bremm, die Glockengießerei Mabilon in Saarburg, diverse Weingüter sowie St. Michael in Bernkastel-Kues (Juli–Anf. Okt., www.moselmusikfestival.de).
Weinfest der Mittelmosel: Ende Aug./Anfang Sept. feiert Bernkastel-Kues fünf Tage lang die Erzeugnisse der Weinberge mit Feuerwerk und farbenprächtigem Winzer-Festzug.

Kinder

Burgen erkunden, im Kanu paddeln, historische Wassermühlen bestaunen, sommerrodeln, klettern, Minigolf spielen – das Moselland birgt eine Fülle kindgerechter Attraktionen. Für nahezu jede Altersstufe gibt es ein Angebot. Zudem handelt es sich bei einem Großteil der **Unterkünfte** in der Region um familienfreundliche Ferienwohnungen; oft auf einem Bauern- bzw. Winzerhof (z. B. Treis-Karden, Klickerter Hof, nach dem Ortsausgang auf der Kreisstr. 31 Richtung Windhäuser Höfe, Tel. 02672/71 56, www.klickerterhof.de, Heu-Übernachtung, Esel, Schafe, Rinder). In Leiwen und Kröv gibt es Ferienanlagen mit Bungalows (Landal Sonnenberg, Sonnenberg 1, Tel. 06507/9 36 90, Landal Mont Royal, Tel. 06541/7 00 70, www.landal.de).

Geisterführung
z.B. in Cochem, Reichsburg, für Kinder in den Sommer- und Herbstferien Do. 15.00 Uhr, nur nach Voranm.), www.burg-cochem.de

Seil- und Klettergarten
Traben-Trarbach: Adventure Forest, Mont Royal, April–Okt. tgl. 11.00–18.00 Uhr, mit Pausentagen, https://adventureforest.de
Trier: CUBE Trier, Halle und Outdoor, Diedenhofener Str. 27c, Mo., Di., 13.00–22.00, Do. 13.00–22.45, Mi., 10.00–22.45, Fr. 10.00–23.00, Sa., So. 10.00–22.00 Uhr, www.cube-trier.de

Tierpark
Klotten: ab Ort ausgeschildert, April–Nov. tgl. ca. 9.30–18.00 Uhr, in den Sommerferien tlw. verlängerte Öffnungszeiten, www.klotti.de

Freilichtmuseum
Konz, Roscheider Hof s. S. 111

Erlebnisbad
u.a. in Schweich, Kröv, Leiwen, Treis-Karden, Bernkastel, Wittlich, Zell

Panoramablick auf die Mosel zwischen Cochener Krampen und Bremm.
Genuss pur auf dem Richtershof in Mühlheim.
Schloss in Zell ist heute ein nobles Hotel.

Info

Daten & Fakten

Natur & Geografie: Ihren Ursprung hat die Mosel im Gebirge auf rund 700 m am Col du Bussang in den Vogesen. Von dort bis zur Mündung in den Rhein bei Koblenz legt der längste Nebenfluss desselben 544 km zurück, davon fast die Hälfte (ab Perl) auf deutschem Boden. Dort teilt das tief in den harten Felsen eingeschnittene Tal der Mosel die Gebirgszüge Eifel (im Norden) und Hunsrück (im Süden). Die größten Nebenflüsse sind Saar und Sauer. Nach dem Rhein ist die stellenweise stark mäandernde Mosel Deutschlands zweitwichtigste Schifffahrtsstraße. Von den insgesamt 28 Staustufen des Flusses liegt fast die Hälfte zwischen Trier und Koblenz. Detzem hat mit 9 m die größte Fallhöhe und ist bislang die einzige Staustufe mit einem Schleusenkanal. Weitere Schleusenkammern für den Fluss sind indes für die nahe Zukunft geplant: Bis 2032 sollen alle Staustufen erweitert werden. Die Saar entspringt ebenfalls in den französischen Vogesen. Sie mündet bei Konz in die Mosel und hat eine Länge von 227 km.

Klima: In den windgeschützten Flussschleifen herrschen in der Regel milde, stellenweise mediterrane Temperaturen, die nicht nur Reben, sondern auch exotische Pflanzen wie Kiwis gedeihen lassen. Die Strahlen der Sommersonne heizen die dunklen Schieferhänge indes mitunter auf bis zu 40 °C auf. Im Spätherbst staut sich in den engen Tälern häufig Nebel. Ab Oktober ist mit Hochwasser zu rechnen. Viele Winter sind in der Regel komplett schneefrei, können aber recht frostig sein. Die durchschnittliche Jahrestemperatur beträgt an der Mittelmosel etwa 9 °C, auf den Höhen der Eifel und des Hunsrück liegt sie deutlich niedriger – hier kann es im Winter auch Schnee geben.

Wirtschaft: Weinbau, Tourismus und Schifffahrt sind die ökonomischen Säulen der mittelständisch geprägten Region, hinzu kommen Handwerksbetriebe sowie Groß- und Einzelhandel. Etwa 5000 Winzer bewirtschaften an Mosel, Saar und Ruwer 10 400 Hektar Rebfläche mit etwa 75 Millionen Rebstöcken. Binnenschiffer transportieren jährlich zwischen 14 und 16 Millionen Tonnen auf der Mosel. Von den rund 150 000 Grenzgängern nach Luxemburg stellen die Regionen Mosel und Saar rund 20 Prozent.

Literatur

Reise-/Wanderführer
Nicole Sperk, „Mosel“, DuMont Direkt (2018). Kompakte Information rund um die Moselregion, mit interessanten Specials.
Nicole Sperk, „Mosel“, DuMont Reise-Taschen-buch (2018). Entdeckungstouren z.B. auf den Spuren der Römer, dazu persönliche Wander- und Winzertipps.
Eberhard Schmitt-Burk „Moselsteig“, DuMont Wanderführer (2014). Detaillierte Beschreibung der 24 Etappen.

Belletristik
Hanns-Josef Ortheil, „Die Moselreise“, btb Verlag (2012). Zwei Protokolle von Ausflügen an dieselben Orte: als Kind und Erwachsener.
Andrea Kockler: Tod im Tulpenfeld, Emons Verlag 2014. Der Tod eines Professors am Trierer Petrisberg sorgt für Aufregung an der Universität. War es Selbstmord oder Mord?

Sachbuch
George E. Waring Jr., „Vivat Mosella“, Sutton (2013). 1875 erfüllte sich der Autor, ein US-amerikanischer Ingenieur, seinen Traum und befuhr die Mosel im Ruderboot.

Restaurants

Preiskategorien

€ € € €	Hauptspeisen	über 25	€
€ € €	Hauptspeisen	15 – 25	€
€ €	Hauptspeisen	10 – 15	€
€	Hauptspeisen	5 – 10	€

Einfache Lokale haben meist durchgehend von 12.00 bis ca. 22.00 Uhr geöffnet; gehobene Restaurants oft nur abends; Weinkeller, Straußwirtschaften unter der Woche in der Regel ab 16.00 Uhr, Sa., So. oft schon ab mittags. Straußwirtschaften haben nur Saisonbetrieb. Eine Auswahl finden Sie auf den Infoseiten, eine gute Übersicht auf www.mosel.de.

Sport & Freizeit

Angeln
Der Fischreichtum an der Mosel hat wieder zugenommen. Angelscheine sind bei den Verbandsgemeindeverwaltungen bzw. den Tourist-Informationen erhältlich.

Baden
Die Wasserqualität der Mosel ist relativ gut, man sollte jedoch Vorsicht walten lassen ob des regen Schiffsverkehrs. Am Ufer finden sich zudem zahlreiche Freibäder, etwa in Cochem, Kröv, Leiwen, Schweich, Treis-Karden, Trier, Wittlich und Zell. Traben-Trarbach besitzen ein Thermalbad mit Blick auf die Weinlagen (www.moseltherme.de).

Entlang der Mosel lässt es sich gut radeln, auch für Paddelanfänger ist der Fluss geeignet (li). Burg Arras (10. Jh.) liegt bei Alf und bietet einen Traumblick über die Mittelmosel.

Golf
Der Golfclub Cochem/Mosel e.V. Höhe Ediger-Eller (Tel. 02675/91 15 11, Startzeiten 911601, www. golfcochem.eu) verfügt auf dem Plateau des Cochemer Krampen über einen 18-Loch-Championship Course sowie einen 9-Loch-Executive Course, der auch ohne Platzreife und DGV-Mitgliedschaft gespielt werden darf. Der 18-Loch-Platz des Golfclubs Trier (Tel. 06507/99 32 55, www.golf-club-trier.de) liegt zwischen Bekond und Leiwen.

Inline-Skaten
Die befestigten Radwege längs der Mosel eignen sich bestens auch zum Skaten (z. B. Alf-Nehren, 26 km). Einige Gemeinden wie Riol oder Trier haben sich bereits mit Verleihstationen auf diesen Sport eingestellt.

Luftsport
Bei Koblenz, Bernkastel, Schweich oder Traben-Trarbach sind Heißluftballon-Fahrten möglich. Segelflugplätze gibt es u. a. in Konz-Könen, Neumagen-Dhron und Traben-Trarbach. Drachen- und Gleitschirmfliegern bietet der Raum Bernkastel-Kues zahlreiche Startmöglichkeiten (z. B. in Mehring, Zeltingen-Rachtig, Burgen, Erden, Ürzig und Maring-Noviand).

Radfahren
Das gut ausgebaute Radwege- bzw. Radstreifennetz der Mosel umfasst mehrere hundert Tourenkilometer, sowohl in der Ebene als auch mit knackigen Steigungen für Mountainbiker. An zahlreichen Moselbahnhöfen, in vielen Hotels und Verkehrsvereinen können Räder gemietet werden – auch Kinderfahrräder und Babyaufsätze. Vom 1. April bis zum 31. Oktober setzt die Moselbahn GmbH (www.moselbahn.de) einen speziellen Radlerbus ein (3 x tgl. zwischen Trier und Bullay u.a., weitere Infos und Fahrpläne auf, https://regioradler.de). Auch die Mitnahme von Rädern in der Bahn (vorab informieren ratsam, Service-Hotline 0180 6 99 66 33 – 20 ct/Anruf aus dem Festnetz, Tarif bei Mobilfunk max. 60 ct/Anruf), Mo.–So. 8.00–20.00 Uhr) und auf den Personenschiffen ist möglich.

Auf der kostenlosen Audiotour für's Smartphone „Lauschpunkte am Mosel-Radweg" erzählen Winzer sowie Kultur- und Weinbotschafter Anekdoten und Wissenswertes zu Besonderheiten am Wegesrand; insges. 40 „Lausch-Punkte" auf der Strecke Perl-Koblenz (Mosellandtouristik GmbH in Bernkastel (Tel. 06531/97 33 33, www.mosellandtouristik.de).

Nordic Walking
Ausgeschilderte Touren gibt es u.a. am Calmont, bei Ediger-Eller, Beilstein, Konz, Nittel. Einige Hotels und Fremdenverkehrsämter bieten geführte Touren an. Schnupperkurse u.a. in Bernkastel-Kues, Tel. 06531/ 9 67 70, www.nordic-walking-centrum.de.

Wassersport
Segeln und Motorbootfahren ist an der Mosel fast überall möglich. In vielen Moselorten gibt es Anlegestellen und einen Bootsverleih – auch für führerscheinfreie Motorboote. Kajaks und Kanus können gemietet werden u.a. in Ernst, Ediger, Pünderich. Für Wasserwanderer gibt es an Mosel und Saar fast fünfzig Ein- und Ausstiegsstellen vom PSV Koblenz bis zum Rudersportclub Saarburg.

Übernachten

Preiskategorien

€€€€	Doppelzimmer	über 200 €
€€€	Doppelzimmer	120–200 €
€€	Doppelzimmer	70–120 €
€	Doppelzimmer	40–70 €

Es gibt vorwiegend kleinere Betriebe und zahlreiche Privatunterkünfte (Apartments, B & B), die sich unter anderem auf Burgen, Weingütern und in Schlössern befinden. Eine Auswahl von Unterkünften finden Sie auf den jeweiligen Infoseiten.

Wandern

Viele Themen-, Kultur- und Erlebniswege erschließen das Moselland. Eine kleine Auswahl:

Moselsteig
Der jüngste und mit seinen 365 km einer der längsten Fernwanderwege in Deutschland ist der Moselsteig. Beginnend in Perl an der deutsch-französisch-luxemburgischen Grenze folgt er dem gesamten deutschen Mosellauf bis zur Mündung des Flusses am Deutschen Eck in Koblenz. Auf 24 Etappen, die je 11 bis 24 km lang sind und unterschiedliche Schwierigkeitsgrade anbieten, geht es durch abwechslungsreiche Landschaften, durch Wälder, Weinberge und durch typische Weinorte. Ergänzt wird der Moselsteig dabei von seinen seit 2014 angeschlossenen und seither ständig erweiterten Partner-Rundwanderwegen „Seitensprüngen" und „Traumpfaden", die je auf einer Halbtages- oder Tagestour (mit je ca. 5 bis 20 km Länge) erwandert werden können (www.moselsteig.de; www.moselsteig.de/seitenspruenge-traumpfade). Beim Wanderevent „Wünschelrouten" (1. Wochenende Nov.) wird der herbstliche Moselsteig in Begleitung von Winzern, Kultur- und Erlebnisbotschaftern im Rahmen von individuellen Touren erkundet.

Moselhöhenweg
Der älteste und längste Wanderweg im Moselgebiet ist der Moselhöhenweg. Über fast 400 km zieht er sich zu beiden Seiten des Flusses hin. Auf der Hunsrückseite führt er von Koblenz bis Palzem, auf der Eifelseite von Wasserbillig bis Trier und von Schweich zurück bis nach Koblenz. Ca. 14 Tage sind nötig, um ihn komplett abzugehen. Nicht immer folgt das weiße M-Zeichen des historischen Pfades jedoch den Mosel-Windungen.

Unterwegs mit Kultur- und Weinbotschaftern
Bei den Exkursionen mit zertifizierten Kultur- und Weinbotschaftern geht es neben der Rebkultur auch um Kräuter, Architektur, Literatur oder die gallo-römische Geschichte des Mosellandes, stets nach dem Motto „führen, schmecken, riechen, hören, sehen, begreifen und genießen!". Neben Touren an feststehenden Terminen können auch individuelle, private Touren gebucht werden (www.kultur-und-weinbotschafter.de)

Wellness

Entspannung, Wohlbefinden und Körperpflege hatten bereits bei den Römern vor 2000 Jahren einen hohen Stellenwert, so ließen sie besonders an der Mosel zahlreiche Wohlfühl-Bäder errichten. Der antiken Badekultur können Sie heute in unterschiedlichen Wellnesstempeln der Region in zeitgenössischer Form nachspüren. Nähere Informationen und eine Auswahl an Wellness-Anbietern erhalten Sie in unserem DuMont Thema „Tepidarium und Traubenkerne" auf den Seiten 106ff.

Winzerbetriebe

Zu den renommiertesten Winzern des Mosel/Saar-Gebiets zählen z. Zt. u.a. Thomas Haag vom Weingut Schloss Lieser (www.weingut-schloss-lieser.de), Dr. Manfred Prüm und Dr. Katharina Prüm vom Weingut Joh. Jos. Prüm (www.jjpruem.com), Markus Molitor aus Bernkastel-Wehlen (http://markusmolitor.com) und Egon Müller in Wiltingen/Saar (www.scharzhof.de). Beim Weinbau hat sich viel verändert. Derzeit sind zwar nur knapp drei Dutzend Ökoweingüter registriert, doch immer mehr Winzer stellen auf biodynamischen Anbau um.

Weingut Clemens Busch
Kirchstr. 37
56862 Pünderich
Tel. 06542/2 21 80
www.clemens-busch.de
Die Bio-Winzer-Familie produziert seit 1986 feine, langlebige Weine.

Weingut Laurentiushof
Gartenstr. 13
56814 Bremm
Tel. 02675/5 08
www.weingut-laurentiushof.de
Frantzen-Martiny produziert vor allem mineralische Gewächse von der Ultra-Steillage Calmont.

Weingut Müller
St. Ursula Str. 1, 54329 Konz-Krettnach
Tel. 06501/1 57 62
Der Guilt Millau 2018 feierte den erst 28-jährigen Stefan Müller als „Entdeckung des Jahres". Auf Qualität und Handarbeit wird großen Wert gelegt.

Weingut Forstmeister Geltz Zilliken
Heckingstraße 20, 54439 Saarburg
Tel. 06581/24 56, www.zilliken-vdp.de
Die Winzer des Jahres 2017 kultivieren Spitzen-Rieslinge auf 13 ha.

Weingut Willi Schaefer
Hauptstraße 130
54470 Graach
Tel. 06531/80 41
Auf 4,2 ha nur Riesling (Lagen: Domprobst, Himmelreich), prämierte Spätlese. Die Familie betreibt Weinbau seit 1590.

Weingut Weiser-Künstler
Wilhelmstraße 11
56841 Traben-Trarbach
Tel. 06541/81 99 43
www.weiser-kuenstler.de
Engagiert im „Klitzekleinen Ring" für die Weiterbewirtschaftung sonst von der Aufgabe bedrohter Steillagen. Reine Handarbeit, keine Herbizide. Vor allem restsüße Weine.

Info

Wetterdaten

Koblenz	TAGES-TEMP. MAX.	NACHT-TEMP. MIN.	TAGE MIT NIEDER-SCHLAG	SONNEN-STUNDEN PRO TAG
Januar	3°	–1°	12	1
Februar	5°	–1°	10	3
März	9°	1°	12	4
April	13°	4°	10	5
Mai	18°	8°	12	7
Juni	21°	11°	11	7
Juli	23°	13°	10	7
August	23°	12°	10	7
September	20°	10°	9	5
Oktober	14°	6°	9	4
November	7°	2°	12	2
Dezember	4°	0°	12	1

Register

Fette Ziffern verweisen auf Abbildungen

Impressum

4. Auflage 2019

Verlag: DuMont Reiseverlag, Postfach 3151, 73751 Ostfildern, Tel. 0711/4502-0, Fax 0711/4502-135, www.dumontreise.de
Geschäftsführer: Dr. Thomas Brinkmann, Dr. Stephanie Mair-Huydts
Programmleitung: Birgit Borowski
Redaktion: Achim Bourmer
Text: Rita Henß, Frankfurt a.M.
Aktualisierung 2019: Kim Laura Sander
Exklusiv-Fotografie: Arthur F. Selbach
Titelbild: laif/Thomas Rabsch (Weinlese an der Mosel bei Bremm)
Zusätzliches Bildmaterial: DuMont Bildarchiv/Christian Baeck S. 33 r.o.; DuMont Bildarchiv/Rainer Hackenberg S. 20 r., 33. r.u., 49 u.l., 53 o.l., 60 u., 93 o.l., 112 o.r., 116 u., 116 o.r.; DuMont Bildarchiv/Peter Hirth 7 r., 48; DuMont Bildarchiv/Georg Knoll 112 o.l; dpa/Harald Tittel 31 o.r.; huber/Hans-Georg Eiben 71 u.; huber/Hans-Peter Merten 70 r.; huber/Reinhard Schmid 16/17; laif/Bernd Jonkmanns 99 o.l., 104 o.; laif/Clemens Zahn 21 u.; Landhaus Reverchon 21 o.l.; mauritius/Chris Seba 8/9; mauritius/Heather Ahrens/Alamy 44 o.; mauritius/Hans-Peter Merten 114 l.; mauritius/Rupert Oberhäuser/Alamy 86 u.; picture alliance/Ulrich Baumgarten 10/11; picture alliance/Thomas Frey 12/13, 30; picture alliance/chromorange/Beate Tuerk 71 o.r.; picture alliance/Design Pics/Peter Zoeller 20 l.; picture alliance/Frank Kleefeldt 71 o.l.; picture alliance/Westend61/Andresa Pacek 70 l.; picture alliance/Birgit Reichert 114 r.; Weingut Immich-Batterieberg 115 o.l., Weingut Arthur Melsheimer 115 o.r.; Weingut Weiskopf 54 li.
Grafische Konzeption, Art Direktion, Layout: fpm factor product münchen
Cover Gestaltung: Neue Gestaltung, Berlin
Kartografie: © MAIRDUMONT GmbH & Co. KG, Ostfildern
Kartografie Lawall (Karten für „Unsere Favoriten")
DuMont Bildarchiv: Marco-Polo-Straße 1, 73760 Ostfildern, Tel. 0711/4502-266, Fax 0711/4502-1006, bildarchiv@mairdumont.com

Anzeigenvermarktung: MAIRDUMONT MEDIA, Tel. 0711 450 20, Fax 0711 45 02 10 12, media@mairdumont.com, http://media.mairdumont.com
Vertrieb Zeitschriftenhandel: PARTNER Medienservices GmbH, Postfach 810420, 70521 Stuttgart, Tel. 0711 72 52-212, Fax 0711 72 52-320
Vertrieb Abonnement: Leserservice DuMont Bildatlas, Zenit Pressevertrieb GmbH, Postfach 810640, 70523 Stuttgart, Tel. 0711 7252-265, Fax 0711 7252-333, dumontreise@zenit-presse.de
Vertrieb Buchhandel und Einzelhefte: MAIRDUMONT GmbH & Co. KG, Marco-Polo-Straße 1, 73760 Ostfildern, Tel. 0711 45 02 0, Fax 0711 45 02 340
Reproduktionen: PPP Pre Print Partner GmbH & Co. KG, Köln
Druck und buchbinderische Verarbeitung: NEEF + STUMME premium printing GmbH & Co. KG, Wittingen, Printed in Germany

Teeplantagen in Sri Lankas Hochland, so weit das Auge reicht. Die britische Kolonialmacht führte die Nutzpflanze um 1870 ein.

Eine von Berlins Vorzeigeansichten, der Blick auf Bode-Museum und Fernsehturm im Hintergrund.

Berlin

Große Kunst
Erwartet Sie in den Berliner Museen, nicht nur in jenen fünf, die auf der Museumsinsel liegen und von der UNESCO zum Welterbe gekürt wurden.

Die Hauptstadt anders erleben
Wie wäre es mit einer Rikscha-Tour durch das historische Berlin, mit einer Rundfahrt im Trabi oder mit einer Führung durch die Unterwelt?

Das hippe Berlin
Prenzlauer Berg, Kreuzberg, Friedrichshain und Neukölln, hier trifft sich heute die Szene! Wir verraten Ihnen, welche Clubs und Bars gerade angesagt sind.

Sri Lanka

Tropisches Märchenland
Für eine Reise nach Sri Lanka gibt es gute Gründe: eine traumhafte Landschaft, üppig grüne Vegetation, herrliche Strände und einzigartige Kunstwerke – lassen Sie sich mit hervorragenden Bildern einstimmen auf ein ganz besonderes Land.

Das Wissen vom Leben
Ayurveda ist eine 3000 Jahre alte ganzheitliche Heilmethode. Wir stellen Ihnen die wichtigsten Komponenten der Behandlung vor und liefern Ihnen Pro- und Kontra-Argumente für Ayurveda-Kuren.

Der lange Weg zum Frieden
Hintergründe und Fakten zum Bürgerkrieg, der das Land bis 2009 in Atem hielt.

www.dumontreise.de

Lieferbare Ausgaben

DEUTSCHLAND
207 Allgäu
092 Altmühltal
105 Bayerischer Wald
180 Berlin
162 Bodensee
175 Chiemgau, Berchtesgadener Land
013 Dresden, Sächsische Schweiz
152 Eifel, Aachen
157 Elbe und Weser, Bremen
168 Franken
020 Frankfurt, Rhein-Main
112 Freiburg, Basel, Colmar
028 Hamburg
026 Hannover zwischen Harz und Heide
042 Harz
023 Leipzig, Halle, Magdeburg
210 Lüneburger Heide, Wendland
188 Mecklenburgische Seen
038 Mecklenburg-Vorpommern
033 Mosel
190 München
047 Münsterland
015 Nordseeküste Schleswig-Holstein
006 Oberbayern
161 Odenwald, Heidelberg
035 Osnabrücker Land, Emsland
002 Ostfriesland, Oldenburger Land
164 Ostseeküste Mecklenburg-Vorpommern
154 Ostseeküste Schleswig-Holstein
201 Pfalz
040 Rhein zw. Köln und Mainz
185 Rhön
186 Rügen, Usedom, Hiddensee
206 Ruhrgebiet
149 Saarland
182 Sachsen
081 Sachsen-Anhalt
117 Sauerland, Siegerland
159 Schwarzwald Norden
045 Schwarzwald Süden
018 Spreewald, Lausitz
008 Stuttgart, Schwäbische Alb
141 Sylt, Amrum, Föhr
204 Teutoburger Wald
170 Thüringen
037 Weserbergland
173 Wiesbaden, Rheingau

BENELUX
156 Amsterdam
011 Flandern, Brüssel
179 Niederlande

FRANKREICH
177 Bretagne
021 Côte d'Azur
032 Elsass
009 Frankreich Süden Okzitanien
019 Korsika
213 Normandie
001 Paris
198 Provence

GROSSBRITANNIEN/IRLAND
187 Irland
202 London
189 Schottland
030 Südengland

ITALIEN/MALTA/KROATIEN
181 Apulien, Kalabrien
211 Gardasee
110 Golf von Neapel, Kampanien
163 Istrien, Kvarner Bucht
128 Italien, Norden
005 Kroatische Adriaküste
167 Malta
155 Oberitalienische Seen
158 Piemont, Turin
014 Rom
165 Sardinien
003 Sizilien
203 Südtirol
039 Toskana
091 Venedig, Venetien

GRIECHENLAND/ZYPERN/TÜRKEI
034 Istanbul
016 Kreta
176 Türkische Südküste, Antalya
148 Zypern

MITTEL- UND OSTEUROPA
104 Baltikum
208 Danzig, Ostsee, Masuren
169 Krakau, Breslau, Polen Süden
044 Prag
193 St. Petersburg

ÖSTERREICH/SCHWEIZ
192 Kärnten
004 Salzburger Land
196 Schweiz
144 Tirol
197 Wien

SPANIEN/PORTUGAL
043 Algarve
093 Andalusien
150 Barcelona
025 Gran Canaria, Fuerteventura, Lanzarote
172 Kanarische Inseln
199 Lissabon
209 Madeira
174 Mallorca
007 Spanien Norden, Jakobsweg
118 Teneriffa, La Palma, La Gomera , El Hierro

SKANDINAVIEN/NORDEUROPA
166 Dänemark
212 Finnland
153 Hurtigruten
029 Island
200 Norwegen Norden
178 Norwegen Süden
151 Schweden Süden, Stockholm

LÄNDERÜBERGREIFENDE BÄNDE
123 Donau – Von der Quelle bis zur Mündung
112 Freiburg, Basel, Colmar

AUSSEREUROPÄISCHE ZIELE
183 Australien Osten, Sydney
109 Australien Süden, Westen
195 Costa Rica
024 Dubai, Abu Dhabi, VAE
160 Florida
036 Indien
205 Iran
027 Israel, Palästina
111 Kalifornien
031 Kanada Osten
191 Kanada Westen
171 Kuba
022 Namibia
194 Neuseeland
041 New York
184 Sri Lanka
048 Südafrika
012 Thailand
046 Vietnam